HACKUS,
KNIESTE'
& RUNX
MUNX

Bibliografische Information der Deutschen Nationalbibliothek
Die deutsche Nationalbibliothek verzeichnet diese Publikation
in der Deutschen Nationalbibliographie;
detaillierte bibliographische Daten sind im Internet über http://dnb.d-nb.de abrufbar.

Erste Auflage 2018

www.bussert-stadeler.de
Satz, Layout und Covergestaltung:
Kreativagentur DIESEDREI | Luise Bussert
www.diesedrei.com
ISBN: 978-3-942115-88-9

Wo Liebe den Tisch deckt,
schmeckt das Essen am besten.

(Französisches Sprichwort)

EINFÜHRUNG

»Die Küche eines Landes ist dessen
Landschaft in einem Kochtopf.«
(Joseph Pla)

»Essen ist ein Bedürfnis, Genießen ist eine Kunst«, resümierte der französische Schriftsteller Francois de La Rochefoucauld im 17. Jahrhundert. Es war zunächst eine Anregung des Verlegers, mich mit diesem Thema zu beschäftigen. Letztlich ließ ich mich verleiten, den Auftrag anzunehmen und den Text für dieses Buch zu schreiben. Die Geister, die ich rief, wurde ich dann nicht mehr los – keine leichte, aber eine spannende Aufgabe. Denn es sollte auf keinen Fall ein Kochbuch im traditionellen Sinne werden, aber auf Rezepte sollte und wollte ich auch nicht verzichten. Aufwendige Recherchen gingen der Bearbeitung des Themas voraus. Essen und Trinken als Notwendigkeit, Kochkunst und Tischkultur als ästhetisches Bedürfnis, Eßgewohnheiten und Traditionen als Erbe – alles möglichst harzbezogen – schienen mir fast zu umfangreich für ein einziges Buch. Erst allmählich kristallisierte sich das Wesentliche heraus, meine Phantasie wurde angeregt, ich bekam zunehmend prickelnden Geschmack an der Arbeit.
Zu keiner Zeit war das Thema der menschlichen Ernährung so aktuell wie gegenwärtig, es ist zu einem dringenden und drängenden Weltproblem geworden. Die moderne Ernährung bedeutet Überfluß! Es gibt mehr Lebensmittel als wir benötigen. Trotzdem gibt es immer noch Hunger und Mangelernährung in Europa und in der Welt.
Essen ist keine Nebensache. Trotz der Popularität einer Vielzahl von Kochbüchern, Kochsendungen und Kochshows ist eine zunehmende Entfremdung vom selbstbestimmten Umgang mit den vielfältigen Ernährungsangeboten besonders bei Kindern und Jugendlichen zu beobachten. Es besteht die Gefahr der Vereinheitlichung des Geschmacks und des Verlustes der Geschmacksvielfalt. Diese Entwicklung wird durch die Macht der Werbung, die für Orientierungslosigkeit sorgt, verschärft. Aber wissen wir immer, wie die Lebensmittel, die wir uns einverleiben, wirklich beschaffen sind?
Wir müssen lernen, mit dem Überangebot und der Fülle verantwortungsvoll umzugehen. Traditionelle Eßgewohnheiten werden durch fremde Einflüsse mehr und mehr gebrochen. Durch Konservierungs- und Transportmöglichkeiten werden Lebensmittel aus aller Welt das ganze Jahr überall angeboten. Bedürfnisse werden durch die Industrie scheinbar augenblicklich befriedigt. Sind wir zu Normessern geworden?

Mit den vielen verschiedenen Ernährungsvorschlägen, die jeden Tag die Medien füllen, werden wir überfordert. Unser Kopf wird mit viel zu viel Wissen gefüllt, wir können nicht mehr hören, was uns unser Körper sagen möchte. Wir benö-

tigen eine neue Form der Achtsamkeit gegenüber uns selbst und unserer Ernährung, dann spüren wir auch die Signale, was uns gut tut und was der Körper gerade braucht. Die Achtsamkeit gegenüber dem Essen kann das Leben bereichern. Glück und Freude werden beim Kochen und Genießen erfahrbar und lassen uns die Verbundenheit spüren mit allem, was uns umgibt.
Mein Anliegen besteht deshalb auch darin, möglichst vielen Menschen den Harz wieder mit einfachen und der jeweiligen Jahreszeit entsprechend naturbelassenen Nahrungsmitteln schmackhafter zu machen, um sie zur Rückkehr zu einer bewußten Lebenskunst des guten Essens, die sich gegen den täglich wachsenden Verfall der Nahrungskultur richtet, anzuregen.

Ohne die bewährte Zusammenarbeit mit dem Verleger Dr. Frank Bussert, mit seiner Tochter Luise als Gestalterin und seiner Frau Katharina, die die Rezepte nachgekocht hat, wäre das Buch in dieser schönen und ansprechenden Form nicht zustande gekommen. Nicht zu vergessen die Söhne Clemens und Christoph, zuständig für die Food-Fotografie und das weiterführende Online-Portal zum Thema. Ihnen allen ein herzliches Dankeschön für die Motivation, die helfenden Hinweise sowie Rat und Tat bei der Entstehung dieses Buches!
Es soll eine Empfehlung sein, den Leser bei Kräften und auch bei guter Laune zu halten, denn eine Selbstsorge, die das Nützliche des Essens mit dem Augenschmaus kulinarischen Genießens verbindet, will gelernt sein. Ausdruck des feinen Geschmacks ist das einfache Mahl. Gutes Essen erfordert auch gute Zutaten, einen guten Koch, Phantasie und Liebe zum Gast und zur Natur, der Grundlage einer ganzheitlichen und nachhaltigen Ernährung.

Ich lade den Leser ein, unsere eigene Küchenvergangenheit neu zu entdecken!
Die Rezepte sind alt, sie wurden weitervererbt und auch immer wieder etwas verändert, sind aber harztypisch geblieben: Kräftig, deftig und einfach. Sie sind zugleich in ihren historischen Bezug eingebettet. So können sie künftig wieder zum festen Bestandteil unserer heimischen Küche werden. Experimentieren mit dem Würzen ist nicht nur erlaubt, sondern erwünscht!
Sprichwörter, Redewendungen und Zitate habe ich so eingestreut, daß sie das Buch wie Salzkörnchen in der Suppe pikant und schmackhaft machen, damit dem Leser das Wasser im Munde zusammenläuft. Wohl bekomm's!
Guten Appetit schon beim Lesen – und beim Kochen und Essen
ein Prosit auf das Leben wünscht Ihnen

Hilde Thoms

ZUR KULTURGESCHICHTE DER KOCHKUNST

Vorgeschichte

Zum Leben und zum Überleben sind Essen und Ernährung notwendig. Je einfacher die Lebensform ist, umso mehr stehen die Suche nach Nahrungsmitteln und das Essen im Mittelpunkt. In den primitiven Zeitaltern war es den Menschen vorteilhaft möglich, einfach in der Natur zu Gast zu sein.
Die Ernährungsweise unserer frühesten Vorfahren, der Jäger und Sammler, ist anhand von archäologischen Funden und fossilen Überresten nur lückenhaft feststellbar. Sichere Belege für Fleischkost sind Tierknochen. Pflanzliche Nahrungsmittel haben sich kaum erhalten. Nachweise gibt es jedoch für Samen, Nüsse, Früchte und Beeren, Knollen und Wurzeln – Energielieferanten, die für den Geschmack prägend waren. Die Getreidearten sind über Funde von Grabbeigaben bekannt. Weil der Verstorbene auch im Jenseits als Gastgeber gesehen wurde, ist ihm sogar Geschirr beigegeben worden.

Mit dem Übergang des Menschen vom Sammler und Jäger zum Ackerbauern wird die Vertreibung aus dem Paradies, von der das 1. Buch Moses berichtet, in Verbindung gebracht. Der Garten Eden wurde geographisch gesehen und der Biß in den Apfel als großes metaphysisches Symbol für mehr als das Essen aufgewertet.
Die Bewirtschaftung des Bodens begann zeitgleich in vielen Regionen unabhängig voneinander. Mit der Seßhaftigkeit, der Einführung der Viehhaltung und dem Ackerbau ab dem 6. Jahrtausend vor Chr. war ein gleichmäßiges Nahrungsangebot gegeben. Die meisten Studien zu prähistorischer Ernährung konzentrierten sich auf ökonomische Aspekte und Fragen des Überlebens. Daher ist über Rezepte aus dieser Zeit kaum etwas bekannt. Die Anfänge der Küche liegen im Dunkeln der Vorgeschichte.
Mit der Entdeckung des Feuers bekam das Essen eine völlig neue Dimension. Vom Rohen zum Gekochten führte zweifellos ein Weg voller Experimente und Katastrophen. Das Essen zu garen machte das Essen einfacher und leichter verdaulich. In einem großen Kessel, der ständig über dem offenen Feuer hing, wurden Tag für Tag Nahrungsmittel aufgekocht, die gerade zur Hand waren – Brotreste, Hülsenfrüchte, Kohl, Rüben, Fleisch …
Der Mensch begann seine Kost zu verändern, zu verfeinern und mit Kräutern und anderen Zutaten zu kombinieren – eine wesentliche kulturelle Errungenschaft. Inwieweit Kräuter und Gewürze zum Kochen, Würzen, zum Konservieren oder als Heilmittel verwendet worden sind, ist nicht überliefert. Etwa 1200 v. Chr. sind in Mykene Koriander, Kreuzkümmel, Fenchel, Sesam, Selleriesamen, Minze und andere Gewürze bekannt gewesen. Verschiedene Kochmethoden entwickelten sich, einhergehend mit Veränderungen des Geschmacks.
Die Kochkunst entstand, als der Mensch genug zu essen hatte und als eine städtische Kultur Arbeitsteilung notwendig machte. Aus dem Versorgungskochen wurde bald ein Genußkochen. Die Eßlust wurde zelebriert und genüßlich zum Mahl ausgedehnt.

Die älteste literarische Überlieferung über das Essen in der Antike ist Homers Beschreibung des Gastmahls in »Ilias« und »Odyssee« aus dem 7. Jahrhundert vor Chr. So wird das Mahl des heimgekehrten Odysseus mit seinem alten Schweinehirten geschildert:

»Also sprach er und band sich rasch den Gurt um den Leibrock,
ging zu den Kofen, darin die Schar der Ferkel gesperrt war.
Holte sich zwei und trug sie weg und schlachtete beide,
sengte sie ab, zerlegte und steckte das Fleisch an die Spieße.
Als er alles gebraten hatte, bracht er's Odysseus,
brätelnd noch an den Spießen, bestreut mit weißlichem Gerstmehl,
mischte den honigsüßen Wein im hölzernen Napfe,
setzte sich ihm gegenüber und sprach und ermunterte also:
›Iß nun, fremder Mann, so gut wir Hirten es haben,
Ferkelfleisch; die gemästeten Schweine verzehren die Freier,
deren Herz nicht Furcht vor den Göttern kennt, noch Erbarmung.‹
…
Sprach's. Odysseus derweil aß eifrig das Fleisch und begierig
trank er den Wein und schwieg; er sann den Freiern Verderben.
Aber nachdem er geschmaust und das Herz am Mahle gesättigt,
bot ihm der Hirt den Becher, aus dem er selber getrunken,
voll mit Wein. Er nahm ihn und freute sich dessen von Herzen…«

Homer besingt in seinen Epen den Empfang seiner Gäste, ob Freunde oder Fremde. Das Brot wurde aus Körben und das Fleisch an Spießen am Tisch verteilt. »Und sie erhoben die Hände zum leckerbereiteten Mahl.« Homer sah im Essen eine Quelle der Freude und im Gastmahl die Grundlage des Gemeinwesens. Sein Verhältnis zum Essen war unkompliziert. Im Kampf um Troja gestand er der Armee anständige Kost zu, auch wußte er, daß tiefe Trauer nach Speise verlangt: Als Priamus zu Achilles kommt, um den Leichnam seines von Achilles getöteten Sohnes zu erbitten, wird er von Achilles, der seinen Zorn zurücknimmt, zu einem Gastmahl eingeladen – ein versöhnendes Essen.
Zahlreiche griechische Texte beschäftigten sich mit Essen und Trinken. In vielen antiken Komödien spielen Speisen eine wichtige Rolle. Die wertvollste Quelle der griechischen Küche ist ein fiktives literarisches Gastmahl, das Athenaios im

2. Jahrhundert n. Chr. verfaßte. Beliebt war auch die ungewöhnliche Literaturgattung der detaillierten Beschreibung eines Festmahls in Form eines Briefes an einen Gast, der an dem Gastmahl nicht teilnehmen konnte.

Das Interesse an feiner Küche verbreitete sich auch bei den Römern. Der römische Feinschmecker verfügte über einen recht umfangreichen Katalog von Geschmacksqualitäten und wußte genau, wo Eßbares am besten gedeiht.
Es gab Kontakte mit griechischen Einwanderern, und griechische Köche hatten in Rom großen Einfluß. Gastmahle wurden im Leben der Römer ebenfalls ein zentrales Element, die dann zunehmend zum Gelage ausuferten. Die Rezeptsammlung, die dem Apicius, der unter Augustus und Tiberius lebte, zugeschrieben wird, enthält viele Zutaten, die für den Durchschnittsbewohner des Imperiums nicht erreichbar waren. Apicius soll sich vergiftet haben, als er nur noch zehn Millionen Sesterzen hatte; er fürchtete, Hungerzeiten entgegen zu gehen.
Horaz, römischer Dichter (65-8 v. Chr.), liebte den Genuß und das einfache ländliche Leben. In seinen »Sermones« (35-30 v. Chr.) gibt er seinen Gesinnungen Ausdruck und verdammt satirisch die Unmäßigkeit.
Später tat das auch der römische Philosoph Amadeus Seneca im 1. Jahrhundert nach Chr., Günstling des Kaisers Nero. Er lernte die Üppigkeit des Kaisers kennen, die ihn anwiderte.
Er verdammte das Unmaß und das Vergnügen der Gelage.
Tacitus (55-125 n. Chr.) erteilte seinen in Luxus schwelgenden Landsleuten eine Lektion, indem er Charakter und Sitten und die Bedürfnislosigkeit der Germanen als Vorbild schilderte: »Ihr Getränk ist ein Saft aus Gerste oder Weizen, zu einer Ähnlichkeit des Weins gegoren… Die Speisen einfach, ländliches Obst, frisches Wild, geronnene Milch. Ohne Zubereitung, ohne Leckereien vertreiben sie den Hunger. Nicht gleiche Mäßigung gegen den Durst. Willfahrete man ihrer Trinklust, ihnen darreichend, so viel sie begehrten, nicht minder leicht würden sie durch Laster, als durch Waffen besiegt.«

Der Niedergang Roms hatte starke Umbrüche zur Folge. Die Verbreitung der christlichen Ideologie führte auch zu Veränderungen in den Eßgewohnheiten.
Das frühe Christentum verdammte die Maßlosigkeit des Essens. Die Völlerei entstehe aus Selbstsucht – der Bauch werde zum Götzen. Fastenzeiten wurden eingeführt. Kirchenvater Augustinus (354-430) zeichnet in seinen »Bekenntnissen« ein Bild von seiner eigenen Strenge und seinem Maßhalten: »So muß ich dem Gaumen maßvoll die Zügel mal lockern und mal straffen. Und welcher Mensch, Herr, ließe sich nicht gern einer Kleinigkeit wegen über die Grenzen des Notwendigen fortreißen? Tut es einer nicht, ist er groß…«
»Der Weise aber entscheidet sich bei der Wahl der Speisen nicht für die größere Masse, sondern für den Wohlgeschmack«, so der griechische »Philosoph der maximalen Lust« Epikur (314-270 v. Chr.)

Die Quellen europäischer Kochkunst – Das klösterliche Erbe

Der erste Meisterkoch der christlichen Geschichte war eine Frau. Radegunde (518-587) war die erste Königin der Franken, verließ ihren Mann Clotar I. und gründete ein Kloster, das zu den bestgehenden Herbergen der damaligen Zeit zählte. Der Grund lag in ihrer köstlichen Küche. Der lebenslustige Römer und Dichter Venantius Fortunatus (530-610) ließ sich als Gast von ihrem berühmten Eintopf bekehren und verbrachte zugunsten seines Leckermaules den Rest seines Lebens in ihrem Kloster. Er berichtet vom allerbesten Linsengericht, das er je gegessen, mit exotischen Gewürzen und Fleischstückchen, als Beilage gedünsteten Kohl und Lauch, mit wildem Honig übergossen.
Dieses **Fleischragout** wurde nach dem ältesten uns bekannten Rezept für einen Fleischtopf christlicher Prägung zubereitet und war das entscheidende Bindeglied zwischen der kaiserlichen Küche in Rom und der frühen mittelalterlichen Kochkunst: »Das Rindfleisch waschen, in klarem Wasser kochen, bis es fast fertig ist. Dann gibt man scharfen Essig, Poleiminze, Fenchelgewürze und Honig in kochendes Wasser hinein und läßt es eine Stunde lang sieden. Währenddessen bereitet man eine würzige Sauce aus Pfeffer, Spikenarde, Rainfarnblättern und in Wein getränkten Nelken. Diese Mischung wird kurz vor dem Auftragen in den Eintopf gerührt, um das Ganze abzurunden.«
Dieses Rezept stammt von dem griechischen Arzt Anthimus aus Byzanz, der Leibarzt des Ostgotenkönigs Theoderich des Großen war. Dem Frankenkönig widmete er auch einen nahrungsmitteldiätetischen Traktat in Briefform. Viele seiner Ernährungsregeln haben heute noch ihre Bedeutung: »Die Gesundheit des Menschen beruht in erster Linie auf der Verträglichkeit der Speisen, das heißt, wenn man sie richtig zubereitet… erfolgt ihre Verteilung gut und angenehm und die guten Säfte werden dadurch vermehrt; hierauf beruht nämlich vor allem die Gesundheit. Wer in dieser Weise auf sich achtet, braucht sonst keine Heilmittel.«
Kochkunst und Heilkunst waren also von Anfang an nicht zu trennen.
Das schildert auch Walahfried Strabo (809-840) in seinem Hortulus, dem Kräutergarten des Benediktinerklosters Reichenau, aus dem wir zumindest erfahren, was auf den Tisch kam:

»Salz, Brot, Lauch, Fische und Wein sind meine Speise,
was brauch ich dann noch die Köstlichkeit der Könige.«

Das Vermächtnis der griechischen Küche, bereits mit arabischem Einfluß, an die Römer ist die Ausgangsbasis für das Kochen und auch für das Schlemmen in den Klöstern.
Die Gründung des Klosters Monte Cassino 529 durch Benedikt von Nursia markiert den Übergang von der Antike in das Mittelalter. Die von Benedikt geforderte strenge Disziplin bedeutet eine Enthaltsamkeits-Ethik, Bescheidenheit und Gehorsam. Seine Regula ist ein Meisterwerk konstitutioneller Ordnung. Sie regelt streng und ordnete alles Leben im Kloster.

Der stellvertretende Befehlshaber nach dem Abt war in jedem Kloster der Kellermeister (Cellarius). Seine aufregendste Aufgabe war das Verschneiden des Weines und das Ansetzen von Würzweinen, denn die naturbelassenen Weine auch in den Harzklöstern waren grauenhaft sauer. Immer mußte geschmacklich verbessert werden, um den Wein als Meßwein und Tischgetränk verwenden zu können. Mit Rücksicht auf die Schwachen ist eine Hemina (¼ l) Wein für jeden täglich zugeteilt worden. Ein beliebtes Klostergetränk zur »Komplet«, dem abendlichen Stundengebet, war der

»Bischof« – heiß als Schlummertrunk
250 g Zucker, geriebene Schale einer Orange und einer Zitrone, 2 Nelken, 1 Stange Zimt und gut ¼ l Wasser 5 Minuten unter Rühren zum Kochen bringen, 1 Flasche Weißwein hinzufügen und alles so lange erhitzen, bis sich ein leichter weißer Schaum auf der Oberfläche bildet. Dann die Flüssigkeit durch ein feines Sieb gießen. Nach Belieben noch einen Schuß Madeira oder Sherry zufügen und in einem Krug servieren.

Der Bruder Mönch solle den Leib in Zucht halten, nicht das suchen, was den Sinnen schmeichelt, das Fasten lieben, kein Trinker und kein großer Esser sein und den Armen geben.
Alle Brüder dienten sich gegenseitig und keiner war vom Dienst in der Küche entschuldigt. Benedikt legte auch die Zahl der täglichen Mahlzeiten fest und die Art der Gerichte. Bei Tisch durfte die Lesung nicht fehlen.
In den Kapiteln 38 bis 40 der Regula heißt es: »Es soll tiefstes Schweigen herrschen… was die Brüder beim Essen und Trinken benötigen, reichen sie sich gegenseitig, so daß keiner um etwas zu bitten braucht. Fehlt aber dennoch etwas, so erbitte man es lieber mit einem vernehmbaren Zeichen als mit Worten.«
»Zwei gekochte Gerichte sollen also für alle Brüder genügen; ist noch Obst oder frisches Gemüse zu haben, so kann man noch ein drittes hinzugeben…
Nie darf der Mönch bis zur Übersättigung essen; denn nichts verträgt sich so wenig mit jedem Christen wie die Unmäßigkeit.«

Fleisch war ein Stein des Anstoßes und sollte von vierfüßigen Tieren nicht gegessen werden. Den Ausgleich fanden die Mönche in Hühnern, Eiern, Milch und Milchprodukten. Da sie in der Regula nicht erwähnt sind, wurden sie als erlaubt interpretiert.
Aber Chroniken belegen, daß die kargen Regeln über Essen und Fasten ohnehin sehr oft gebrochen wurden. Alles, was nicht eindeutig definiert war wie fehlende Gebrauchsanweisungen, galt vielfältig der Eßlust.
Die klösterliche Tischetikette besagte im Mittelalter, daß das Messer bei Tisch ausschließlich zum Schneiden des Fleisches vorbehalten war, um es dann mit den Fingern zu essen.
»Einen anständigen Mönch erkennt man an seinen Tischmanieren. Ein guter Mönch ißt andächtig und bittet niemals

um eine zweite Portion. Er denkt mehr an die Nahrung seiner Seele… Ein böser Mönch schaufelt das Essen hinunter, ohne zu kauen. Stets nimmt er gierig ein zweites und drittes Mal und läßt sein Messer keine Sekunde aus der Hand.« (Johann von Tritheim)
Das Messer war das »Speiseschwert«. Für die Gäste des Abtes gab es bereits »Tranchiermeister«. Die Gabel betrachtete man zur damaligen Zeit noch als furchterregendes Instrument, zumal sie an den Dreizack des Meeresgottes Poseidon, den Erderschütterer, erinnerte, der im Grimm seinen Dreizack in die Erde stach und Erdbeben verursachte.
Das Volk sah es anders: »Mit der Gabel ist's eine Ehr – mit dem Löffel kriegt man mehr.«

Viele ausgezeichnete Köche wurden in Klöstern »geboren«. Sie kopierten alles was erlaubt und auch was verboten war, so auch Schriften berühmter griechisch-römischer Meisterköche. Und was die Römer über den Weinbau je gelehrt hatten, setzten die Mönche praktisch um.
Das beste Spiegelbild der griechisch-römischen Küche ist die Sammlung an Kochrezepten des berühmten antiken Feinschmeckers Marcus Caelius Apicius. Sein Name war das Synonym für Völlerei. Die älteste uns erhaltene Abschrift stammt aus dem Kloster Fulda (9. Jh.).
Auf den Pilgerwegen entstanden neue Klöster, die Gäste aufnahmen, denn in Kapitel 53 der Regel des heiligen Benedikt war festgelegt: »Alle Gäste, die zum Kloster kommen, sollen wie Christus aufgenommen werden… Ganz besondere Aufmerksamkeit soll man der Aufnahme von Armen und Pilgern schenken; denn in ihnen wird mehr als in anderen Christus aufgenommen. Die Reichen dagegen sorgen schon durch ihr herrisches Auftreten dafür, daß sie geehrt werden. Abt und Gäste sollen eine eigene Küche haben.«
Pilgerstätten entwickelten sich zu klösterlichen Hotels mit hohem Niveau der Kloster-Kochkunst, deretwegen auch berühmte Persönlichkeiten keinen Umweg scheuten, um an den Mittagstisch eines Pilgerklosters zu gelangen. Äbte hatten hier einen eigenen Mundkoch – die Gourmets entstanden.
Für königliche Besuche gab es Feste mit exquisitem Festmahl und köstlichen Weinen, die oft zu Gelagen ausuferten.
In vielen Klöstern hatte das Kochen jedoch einen weitaus bescheideneren Umfang.
Die Klosterentwicklung setzte sich, von Benedikt ungewollt, zweigleisig fort. Es gab den schweigenden, fastenden, aber auch den unersättlichen, fettleibigen Mönch im Mittelalter.

Das Brot war das heiligste aller Nahrungsmittel, ursprünglich ein einfacher, flacher Fladen aus grobem Mehl. Das »Herrentisch-Brot« hatte Luxusqualität aus weißem Mehl. Klosterbrauerei und Klosterbäckerei lagen meist nebeneinander.
Wein gehört zum Brot wie die Brezel zum Bier.
Mönche erfanden nun den Krapfen, den Wecken, das Kipferl, den Gugelhupf und die Brezel.

Einer Überlieferung nach soll 610 n. Chr. ein Mönch in einem südfranzösischen Kloster die ersten Brezeln gebacken haben. Inspiriert durch die devote Gebetshaltung seiner Mitbrüder, die mit gekreuzten Armen (lat. brachitum) auf die Ausgabe ihrer Bierration warteten, legte er übrig gebliebene Teigstreifen in die Form der gekreuzten Arme, sie gaben dem Gebäck den Namen Brezel. Es ist auch das älteste nachweisbare Bäckerwappen, seit 1111 das Berufszeichen der Bäcker. Der Schritt vom Brot zum Kuchen war schnell getan. Mönche waren die Erfinder der Pfefferplätzchen und des Lebkuchens. Unter Zugabe von Kräutern und Gewürzen wie Ingwer, Honig, Zimt, Anis, Koriander feierten diese Gebäckstücke ihre Geburtsstunde als Delikatesse. Pfeffer deshalb, weil Pfeffer ein Sammelbegriff war für alle Gewürze, die aus den sogenannten Pfefferländern des fernen Ostens in die klösterlichen Backstuben kamen. Man nannte das Gebäck auch Lebzelten – ein »zum Leben notwendiges« Gebäck, weil es als leckere Geschmacksneuheit mehr als nötig zum Essen verführte. Genaue Kochrezepte sind nicht überliefert, weil mehr mit der Zunge und dem Gaumen, weniger mit der Waage gekocht wurde. Mengenangaben fehlen daher.
Es war der Kreativität des Kochs überlassen, wie er die Zutaten mengenmäßig zusammenstellte. Das Maß für die Garzeit orientierte sich an Klostergepflogenheiten: Ein Haferbrei köchelte so lange wie es brauchte, um in die Kapelle zu gehen und vier »Ave Maria« zu beten. Nüsse wurden ein »Miserere« lang geröstet.
Interessant ist auch die Entstehungsgeschichte des Gugelhupf. Sein Name kommt von der »Kukulle«, der Chorkleidung der Mönche, im Volksmund »Gugel« genannt. Diese hat eine spitze Kapuze, und ähnlich in der Form verläßt der Kuchen im Napf den Backofen. Zuerst gebacken im 16. Jahrhundert von den Kapuzinern, einem Bettelorden; nun schon mit genauen Mengenangaben.

Gugelhupf

Hefeteig als Vorteig: 500 g Mehl, 1 EL Zucker, 45 g Hefe, 6 EL Milch.
⅛ l lauwarme Milch, 2 EL Rum, 100 g Zucker, Vanillezucker, 6 Eidotter, ½ TL Salz, abgeriebene Zitronenschale, 250 g Butter, 10 g fein gestoßene bittere Mandeln mit dem gegangenen Teig aufschlagen, bis der Teig Blasen wirft. 150 g Rosinen, 75 g Korinthen, 50 g fein geschnittene Orangenschale, 50 g grob gehackte, blanchierte Mandeln hinzu, das geschlagene Eiweiß unterheben. Den Teig in eine mit Butter ausgestrichene und mit gehackten Mandeln ausgestreute Gugelhupfform nur bis zur Hälfte füllen. Zudecken, bis auf das Doppelte aufgehen lassen, mit zerlassener Butter und Zucker bestreichen, im vorgeheizten Backofen ca. 1 Stunde bei 175 °C backen. Fertig ist der Gugelhupf, wenn er goldbraun und glänzend den Ofen verläßt.

Die Klosterbewegung eroberte im Mittelalter ganz Europa, man lernte von anderen Völkern und Ländern hinzu, so daß sich eine aufwendige Küchenkunst entwickeln konnte. Reisende Mönche brachten neue Gerichte mit, die sich von Kloster zu Kloster verbreiteten.

Als autarke Einrichtungen waren Klöster die Kulturträger des Mittelalters. Auch Kunst und Architektur entwickelten sich aus der Spiritualität. Viele klösterliche Gewohnheiten wie auch Tischsitten, aus Disziplin und Askese entstanden, wurden für uns stilbildend. Ein klösterliches Erbe ist auch das englische Frühstück (Breakfast = Fastenbrechen). In Fastenzeiten durfte nur eine Mahlzeit täglich gereicht werden. Nach 24 Stunden wurde dann mit dem Fasten gebrochen. Die klösterlichen Fastentagsschöpfungen sind sicherlich die größten kulinarischen Beiträge für die Köche. Ein Beispiel eines Fischgerichtes soll es verdeutlichen:
Zucker, Ingwer, Senf, Mandelkerne wurden im Mörser fein zerstoßen und über den Fisch gestreut, der in Rotwein pochiert war. Der Fisch wurde aus dem abgekühlten Sud herausgenommen, enthäutet, entgrätet und auf einen Teller gelegt. Die Haut kam mit einem Spritzer Fruchtessig wieder in den Sud. Dieser wurde über ein Sieb über den Fisch gegossen, dann ließ man das Ganze etwas ruhen und verzierte es schön für das Auge mit Nüssen und Früchten.
Oder ein Karpfen wurde mit einer Kräutersauce aus geriebenen Walnüssen, Petersilie, Thymian, Zitrone, Melisse, Rosmarin, einem Spritzer Most und Safran in einem zarten Mürbeteig eingebacken. An Fastentagen »mußten« die Mönche auch mehr Wein trinken, denn »der Fisch muß ja schwimmen«.

Maultaschen
Zur Entstehung dieses Nudelgerichtes gibt es viele Legenden. Eine davon führt in das Kloster Maulbronn und besagt, daß die Zisterziensermönche in der Fastenzeit das untersagte Fleisch in dem Nudelteig versteckten.
Ursprünglich wurden sie mit Kräutern und Spinat gefüllt. In Schwaben hat diese Spezialität eine feste Tradition, ist aber überall bekannt geworden und wurde zum Gericht für arme Leute, weil alle Reste – zur Füllung verwendet – zu einer weiteren Mahlzeit wurden.
Zur Herstellung ist ein guter Nudelteig aus Mehl, Ei, Salz und Wasser erforderlich. Die Zutaten werden mit den Fingern durchgearbeitet, bis ein fester Teig entsteht, der nicht kleben darf. Dann ½ Stunde Ruhezeit im Kühlschrank. Die Füllung wird entweder mit Kräutern, Gemüse wie Tomaten, Lauch und Schafskäse vorbereitet oder mit Hackfleisch, Ei und entsprechenden Gewürzen.
Maultaschen eignen sich als Brühe-Einlage oder je nach Geschmack in Streifen geschnitten und in der Pfanne in Butter angebraten. Sie lassen sich auch im Backofen überbacken.

Konfekt aus kandierten Gewürzen und Früchten versüßte die Fastenzeiten.
Das richtige Maß zwischen Genuß und Gier ist sehr schmal. Darum war die Klostergeschichte immer auch ein Kampf zwischen willigem Geist und schwachem Fleisch. Manche Klöster waren Genuß-Tempel für vielreisende Gourmet-Mönche. Neue Orden entstanden mit strengen Vorsätzen der Enthaltsamkeit, aber auch sie kämpften über kurz oder lang mit den gleichen Schwierigkeiten.

Für Kräuter, Gemüse, Bäume und Sträucher entstanden systematische Pflanzordnungen in dem Klosterplan von St. Gallen, nach dem sich alle Klöster ihre Gartentypen einrichteten, Ausgangsbasis auch für die Äbtissin Hildegard von Bingen (1098-1179). Für sie ist die Lebensführung und die Ernährung ausschlaggebend für die Erhaltung der Gesundheit, entscheidend sei in allen Dingen das rechte Maß: »Die Seele liebt in allen Dingen das diskrete Maß. Wann auch immer der Körper des Menschen ohne Diskretion isst und trinkt oder etwas anderes dieser Art verrichtet, werden die Kräfte der Seele verletzt…In allen Dingen soll sich der Mensch selbst das rechte Maß auferlegen.«
Die Völlerei hält auch sie für genauso schädlich wie die Trunksucht. Sie äußert sich zu fast allen Fragen der Ernährung und gibt Hinweise für die richtige Folge der Speisen und deren Zubereitung.

Füllungen und Knödel waren wichtige Bestandteile der klösterlichen Speisen. Eine Fleischscheibe belegte man mit Resten, rollte und würzte sie, grillte sie am Spieß und bestrich sie zuletzt mit Eigelb – die Fleischroulade war gefunden. Für die Bratspieße verwendeten die Mönche das Holz von Wacholder, Erlen und Hasel, um dem Fleisch den besonderen Geschmack der Hölzer zu verleihen.

In der Renaissancezeit erlebte die »Hohe Schule der Kochkunst« in den italienischen Klöstern und Fürstenhäusern eine Wiedergeburt, die die Kochkunst des Römischen Reiches noch überflügelte. Die größten Meister der Kochkunst fanden Zugang in die Küchen des Papstes, der Kardinäle und Bischöfe und auch in die Klöster als Mundkoch oder als Leibkoch. Die Diätvorschriften wurden aus den Klöstern verbannt. Das tägliche Essen erreichte die Üppigkeit und Fülle des Lebens, alle neuen raffinierten Köstlichkeiten wurden von den europäischen Klosterküchen übernommen.

Zu den typischen Klostergärten gehörte in der Regel auch ein Weingarten. Zur ständigen Versorgung mit guten Weinen, den »geistigen Getränken«, unterhielten die Klöster lebhaften Handel mit anderen Teilen Europas. Für die Fischversorgung entstanden die Fischteiche.
Die strikte Kloster-Ordnung und Regelung hatte sich teilweise hierarchisch zu Klassifikationen und Qualitätsunterschieden entwickelt: zuerst der Abt, dann der Konvent, die Klosterbedienten und dann das Klostergesinde.
An Festtagen gab es Extravaganzen für den Abt und seine Gäste mit bis zu vierundzwanzig verschiedenen Gängen!
Ansonsten traf die Regula zu mit der Weisung: »zwei gekochte Speisen genügen«.

Die Geschichte des Geschmacks im Spiegel der Kochbücher

Kochbücher beschreiben in Rezepten die Zubereitung von Speisen. Sie sind eine erstrangige Quelle der Volkskunde, der kulturgeschichtlichen Forschung zur Alltags- und Kulturgeschichte, aber auch ein hervorragender Gradmesser für soziale und regionale Differenzierungen. Sie bezeugen das Aufkommen und Verschwinden bekannter Speisen und Zutaten und deren zeitweilig hohen oder geringen gesellschaftlichen Stellenwert.
Essen und Kochen sind auch eine Kulturgeschichte des Geschmacks.
Es werden regionale Unterschiede und Geschmacksrichtungen erkennbar und über längere Zeiträume hinweg auch veränderte Zusammensetzungen der Zutaten. Zusatzstoffe und Fertigprodukte finden Eingang in die Ernährung und verändern den Verzehr von Speisen dauerhaft.

Das Kochbuch ging aus der medizinischen Literatur der Antike und der medizinisch-diätetischen Fachliteratur des Mittelalters hervor. Denn allein der Begriff »Rezept« weist auf die Verbindung zwischen Heilkunst und Ernährung hin. Ärzte im alten Griechenland schrieben nicht nur Rezepte für Medikamente, sondern auch für Kochgerichte. Die Medizin verstand man vorwiegend als Ernährungsmedizin. Außerdem standen die mittelalterlichen Kochbücher in religiösem Kontext, zumal sie auch von der rechten Fastenspeise handelten.
Bäuerliche Speisen blieben ohne Niederschriften.
In Notzeiten wurden und werden Lebensmittel »gestreckt«, es wird experimentiert mit Ersatzstoffen, und viele Rezepte der Krankenkost oder der Kriegsküche wurden später für die gesunde Ernährung wiederentdeckt.
Es waren nicht nur gelernte Köche mit gutem Ruf, sondern auch erfahrene Hausmütter, die Kochbücher schrieben. Oft fehlte jedoch die gegenseitige Anerkennung. Ein neues Kochbuch erschien meist mit dem Anspruch, besser, erprobter und praktischer zu sein als die bisherigen.

Eines der ältesten überlieferten Kochbücher der Welt ist die antike Rezeptsammlung von Marcus Gravius Apicius (42 v. Chr. – 37 n. Chr.) »De re coquinaria libri decem«, die Kochkunst in zehn Bänden, die noch im Mittelalter das beliebteste Kochbuch war. Von verschiedenen Autoren bearbeitet, ergänzt und Apicius zu Ehren mit seinem Namen versehen, stellt es eine feine Küche vor, in der viele Zutaten verwendet werden.
Der erste nachweisbare Bericht von diesem Kochbuch findet sich erst im 15. Jahrhundert, als Papst Niklaus V. Enoch von Ascodi nach Deutschland schickte, um nach alten Manuskripten zu suchen und diese nach Rom zu bringen.
In Kloster Fulda fand er die Handschrift aus dem 9. Jahrhundert. Diese ist die älteste Schrift über das dem Apicius zugeschriebene Kochbuch, die bisher entdeckt wurde.
Es bildet die Basis der mediterranen und europäischen Esskultur und enthält überwiegend einfache Zutaten. Grund-

nahrungsmittel ist Getreide, aber Fleisch und Fisch nehmen eine ebenso zentrale Bedeutung ein. Eine große Anzahl von Saucen ist aufgeführt. Ihre Zutaten: Gewürze wie Pfeffer, Kreuzkümmel, Selleriesamen, Fenchel, Dill und Rukola, Lorbeeren, Kresse, Majoran, Oregano, Bohnenkraut, Ingwer, Thymian, Zwiebeln und Lauch. Flüssigkeiten waren Öl, Essig, Wein, Honig, Most, Senf, Fruchtsirup, Brühe, Milch und Wasser.
Zum Eindicken wurden Pinienkerne, Brotkrumen, Weizenstärke und Eigelb benutzt. An diesen Zutaten wird die Vorliebe der Römer für Fülle und Vielschichtigkeit erkennbar.

Ältestes Kochbuch: Rezeptsammlung von Apicius

Nach dem Niedergang Roms dominierten neue christliche Ideologien durch die Präsenz der Klöster, der Verzicht wurde zum Mittel spiritueller Entfaltung. Die Fastenzeiten bestimmten den Speiseplan häufig mit Fisch. Der Einfluß der Viersäftelehre (Feuer, Wasser, Luft, Erde) mit den entsprechenden vier Säften des menschlichen Körpers (Galle, schwarze Galle, Blut, Schleim) veränderte auch die Wahrnehmung der Speisen. Den neuen Kochbüchern des Mittelalters liegen die mit der Säftelehre verknüpften Geschmacksrichtungen zugrunde.

Schrein der Hildegard von Bingen

Hildegard von Bingen (1098-1179) schrieb zwar kein Kochbuch, aber sie hat in ihren Werken alles Wissen, was der menschlichen Ernährung dienen kann, festgehalten und ausführlich beschrieben. Sie sieht vor allem den direkten Zusammenhang zwischen Ernährung und Gesundheit. Ihre Empfehlungen sind eine Mischung aus Überlieferung, Erkenntnis und Erfahrung. Zu jeder Krankheit wußte sie auch ein entsprechendes Heilmittel. Sie hinterließ einen reichen Erfahrungsschatz zur Nutzbarkeit von Kräutern und Gemüse, Fisch und Fleisch. Das eigentliche Vermächtnis ihrer Ernährungslehre, mit der sie sich von den meisten Autoren ihrer Zeit unterscheidet, ist die Eigenverantwortlichkeit jedes einzelnen Menschen für seine Gesundheit.
Die so genannte Hildegard-Küche steht und fällt mit dem Dinkel, dem Urkorn. Für Hildegard von Bingen war Dinkel, die Urform des Weizens, die beste Körnerfrucht; gut und lind und in jeder Zubereitung bekömmlich. »Wenn einer krank ist, daß er nichts mehr zu sich nehmen kann, dann bereite man ihm eine

Speise aus gekochten Dinkelkörnern…« Hauptnahrungsmittel in ihrem Klosteralltag war das Habermus, das unsere Großmütter noch kannten und das heute gerade mit dem »Porridge« wiederentdeckt wird: Ein nahrhafter Brei aus Hafer. Das indogermanische Wort »Haber« bedeutet »Leber« (lat. hepar), die Leber als Sitz des Lebens. Im übertragenen Sinn war und ist diese Speise gut für das Leben. Der Haferbrei wurde später für die Bauern die erste sättigende Mahlzeit des Tages.
Großen Wert legte sie auf Duft- und Geschmacksstoffe, auf Kräuter und Gewürze, die auch nach heutiger Erkenntnis nicht weniger lebenswichtig sind als Eiweiß, Fett und Vitamine.
Hildegard von Bingen erkannte auch die gesundheitliche Bedeutung der süßen Mandel, die in der Klosterküche dann eine wichtige Rolle spielte und ebenso heute wiederentdeckt wird.
»Wer ein leeres Gehirn hat und eine schlechte Gesichtsfarbe…, esse oft süße Mandeln, dem füllen sie das Gehirn und geben ihm eine gesunde Gesichtsfarbe. Auch wer lungenkrank ist und an der Leber leidet, esse oft Mandeln«, nach ihrer Empfehlung fünf bis zehn Stück am Tag.

Eine weitere Empfehlung der Äbtissin ist eine Rezeptur zur Stärkung der Nerven.
Beruhigende **Nervenkekse** – »iß sie oft, und alle Bitternis deines Herzens und deiner Gedanken weiten sich, dein Denken wird froh, deine Sinne werden rein, alle schadhaften Säfte in dir minderer, es gibt guten Saft in deinem Blut und macht dich stark.«
400 g Dinkelmehl, 160 g Butter, 80 g Rohrzucker, 125 g geschälte, gemahlene Mandeln, 2 Eier, je 15 g Zimt, Muskatnuß gerieben und Gewürznelken, 1 Prise Salz werden zu einem Teig geknetet, der dünn ausgerollt wird. Formen ausstechen und bei 180 °C etwa 20 Minuten backen. Diese Kekse sind nicht als Nascherei, sondern als heilendes Gebäck gedacht.

Es entwickelte sich eine Leidenschaft für Gewürze und einen kräftigen Geschmack. Neben Pfeffer, Nelken und Zimt kamen noch Muskatnuß und Muskatblüte hinzu, die die Speisen im Sinne der Viersäftelehre veränderten.
Im 12./13. Jahrhundert, in dem sich die höfische Eßkultur entwickelte, verknüpften sich die Kochkunst und die Tischkultur mit der bürgerlichen Lebensführung. Mit unseren heutigen Kochbüchern haben diese Rezeptsammlungen wenig zu tun, aber sie berücksichtigten auch den Zusammenhang von gesunder Ernährung und Wohlbefinden.
Mitte des 13. Jahrhunderts verbreitete sich der Rohrzucker über ganz Europa. Mit diesem Geschmacksstoff eröffneten sich neue Möglichkeiten. Die Folge verstärkten Süßens war die Erfindung der Desserts und das neue Gewerbe »Zuckerbäcker«.

Lebküchner

Richard Campbell beschreibt 1747 in seinem Buch »London Tradesman«, einem Leitfaden durch Londons Berufswelt, auch das neue Gewerbe des Zuckerbäckers: »Der Zuckerbäcker ist ein naschhafter Handwerker: Er stellt alle Arten von Konfekt her, weckt alle Arten von Früchten ein und ist der Baumeister des Desserts.... Es bedarf keiner geringen Kenntnisse, Zuckerbäcker zu werden; trotzdem werde ich ihn niemals für das nützlichste Mitglied der Gesellschaft halten.« Ende des 18. Jahrhunderts erreichte diese neue kulinarische Kunst der Konfekt- und Süßigkeitsherstellung ihren Höhepunkt.
Das Verfahren, Zucker aus Rüben herzustellen, erfand 1747 der deutsche Apotheker Marggraf.

»Du musst nicht nur mit dem Munde
sondern auch mit dem Kopfe essen,
damit dich nicht die Naschhaftigkeit des Mundes
zugrunde richtet.«

(Friedrich Nietzsche)

Mandeln

Deutsche handschriftliche Kochbücher aus dem Mittelalter sind selten; Pergament war zu teuer und Köche konnten nicht immer lesen und schreiben. In Klöstern und an Höfen entstanden Sammlungen nur für besondere Rezepturen und für Fastenspeisen.
Zu Klosterzeiten ging nichts ohne **Mandelmus** und Mandelmilch.
In dem Kochbuch von J.G. Colta 1764 und Jean Neubauer 1779 findet man die Rezeptur zu Mandelmus: »Rühre ein Viertel Pfund Butter recht wohl. Stoße ein Viertel Pfund gescheelte Mandeln recht klein, thue sie zu dem Butter, und mache es mit 3 Eyern dünne.
Rühre auch Zimmet, klein geriebene Citronen-Schalen, etwas Rosenwasser und genügsamen Zucker darein.
Gieße alles zusammen in ein Zinn, thue unten und oben Glut dazu, und laß es aufziehen. Zuletzt streue oben noch etwas Zucker darauf.«

In keinem mittelalterlichen Kochbuch fehlt die **Mandelmilch**: »500 g Mandeln und 1 Liter Wasser, Zucker nach Geschmack. 500 g blanchierte und gehäutete Mandeln werden mit wenig Wasser im Mörser fein zerstoßen oder im Mixer püriert, dann mit dem restlichen Wasser vermischt. Einige Zeit stehen lassen. Eisgekühlt trinken. In einer Serviette ausgedrückt, wird die Milch klar.«

Das älteste erhaltene Kochbuch in deutscher Sprache ist das Würzburger Kochbuch »bouch von guoter spise«, das Buch der guten Speise, 1350 verfaßt und als Pergamenthandschrift erhalten. »Das Buch sagt von guter Speise, das macht die unverständigen Köche weise...Ich will iuch underwisen von den kochespisen der sin niht versten kann der sol diz buch sehen an wie er groz gerichte künne machen von vil kleinen sachen«, so heißt es zu Beginn.
Das Kochbuch enthält also mehr über Gestaltungsmöglichkeiten als über den Geschmack. So zeigt es auf, wie neben ihrem Geschmack die färbende Wirkung von Safran, Petersilie, Veilchen, Kirschen verwendet werden kann. Die Vielfalt der Farben war erstaunlich. Der medizinische Aspekt spielte bei der Speisenbereitung eine starke Rolle. Diese erste deutsche Rezeptsammlung ist ein Anhang eines Tierarzneibuches. In diesem Buch sind allen Speisen bestimmte Wirkungen zugeordnet, die im Menschen ein gesundes Gleichgewicht erhalten sollen. Sie sollen schmecken und gesund sein. Ingwer spielte neben Pfeffer, Anis, Kümmel und Gartenkräutern eine besondere Rolle. Zucker wird erwähnt.

Das erste in deutscher Sprache gedruckte und weit verbreitete Kochbuch war die »Kuchenmaistrey«, schon 1485 von Peter Wagner in Nürnberg herausgegeben mit Rezepten für die feine Küche, es ist bis 1674 wiederholt nachgedruckt worden.
Durch die Erfindung der Druckkunst konnten sich Kochbücher schnell verbreiten und damit auch der »feine« Geschmack.
In der Renaissancezeit begann man, einfache bürgerliche Gerichte niederzuschreiben für die Köche, die im Dienste eines Herren oder eines Reichen standen. Die Aufgabe des Kochs war kreativ und experimentell.
Die Küche Europas wurde von den Köchen bestimmt.

1545 schrieb der Arzt Walther Hermann Ryff ein spezielles Kochbuch für Kranke mit dem Titel »New Kochbuch für die Krancken«, das sechs Auflagen erlebte. Ryff selbst war Apotheker im mecklenburgischen Güstrow. In seinem Buch »Confect Buchlin und Hauss Apoteck künstlich zu bereiten einmachen und recht gebrauchen mancherhand nutzbare Confect-Latwergen Conserva oder conditen Sirop Julep und andere künstliche getranck« (Frankfurt 1544) beschreibt er, wie Marzipan zu machen sei aus Mandeln, Rosenwasser und Zucker. Es seien treffliche, wohlschmeckende Küchlein oder Fladen, ein Kraftbrot, um »den Leib nähren trefflich wohl« für Kranke. Für die Bezeichnung »Marzipan« gibt es mehrere Erklärungen, eine stammt von dem arabischen mauthaban (sitzender König). Aus dem Wort entstand »mar-

Marzipan

zapan«, weil die Leckerei in Schachteln mit dem Fassungsraum eines marzapan (Zehntsteuer, der zehnte Teil eines Maßes) verkauft wurde.
Ebenso kann man die Bereitung von Honigwasser oder **Met** nachlesen. »Denn wiewohl auch der Medt warmer natur ist, so ist er doch temperierter wärme... ist doch der gemein brauch, daß man neme auf ein maß schönes außerwelts guts Honigs/acht maß frisch brunn wasser/laß inn einem weitten kessel senfftiglichen mit einander sieden ob einem linden feurlin/daß nit riech/mit stettigem unabläßlichen verscheumen/sobald sich etwas auffwirfft/hinweggenommen/so lang biß daß das wasser anfahet schön clar und lauter zu werden/auch ie lenger du solchs honigwasser/ oder medt behalten wilt/
Ie länger du es sieden musst....magstu volgendts gewürtz darein...Nim Ingber/ Zimmet/Näglin/Galgant/Muscatnüß und dergleichen... Etliche nehmen auch Safran darzu...von wegen...der kraft unnd tugent desselbigen. Gibt dem Medt auch ein lieblich geruch und guten geschmack.« Drei Monate lang soll er »zugeschlagen« liegen bleiben, bevor der Met getrunken wird. Von Ryff empfohlen wird er bei Husten; er reinigt den Harngang und die Blase bei Steinleiden, hilft bei Krämpfen, Gicht und bei Fallsucht.

Die Metgewinnung hat in Vorderasien und Ägypten eine sehr alte Tradition. Bei der Verwendung von Honig als Konservierungsmittel für leicht verderbliche Nahrungsmittel setzte bei hoher Feuchtigkeit Gärung ein – der Met war entdeckt. Pedanios Dioskurides (1. Jh. n. Chr.) beschreibt Honigmet als ein Gemisch aus einem Teil Honig und zwei Teilen Wasser, das in die Sonne gestellt wird.
Die Römer kannten ihn zunächst nicht, erst durch ihre Eroberungen fand der Met auch nach Rom. Bis dahin versüßten sie ihre sauren Weine mit Honig. Klöstern war Met auch als Heilmittel bei Magen-Darm-Beschwerden und als Antidot bekannt. Honig und Met besitzen eine antibakterielle Wirkung.
So ordnete Karl der Große in seiner Landgüterordnung Bienenzucht und Metproduktion an.
In bienenreichen Gegenden ist dank seiner traditionellen Bedeutung Met immer noch ein beliebtes Getränk.

Hieronymus Bock

Hieronymus Bock (1498-1554), einer der Väter der Botanik, schrieb zwar kein Kochbuch, aber er bereicherte sein »New Kreutterbuch« (1595) durch die »Teutsche Speisskammer inn welche du findest was gesunden und krancken menschen zur Leibs narung und desselben gepresten von nöten«. Er beruft sich auf die vier Elemente, lobt die Eigenschaften von Feuer, Wasser, Luft, Erde und berücksichtigt die entsprechenden vier Säfte, aus denen sich folglich der menschliche Körper zusammensetzt. Er setzt sich wie Galen und Paracelsus für eine gesunde Kost ein und prangert gleichzeitig Freßmißstände an. Mit der Nahrung soll der Körper in einen ausgewogenen Zustand gebracht werden.
Mit der Viersäftelehre wurden im Mittelalter auch die damals acht verschiedenen Geschmacksrichtungen (süß, fettig, bitter, salzig, scharf, herb, meersalzig und essigsauer) verknüpft.
Das erste Lehrbuch für professionelle Köche in der Ausbildung verfaßte 1581 mit dem »New Kochbuch« der Mundkoch des Mainzer Kurfürsten Max Rumpolt. Es beinhaltet eine ausführliche Auflistung, was man mit den verschiedenen Lebensmitteln anstellen kann und wie damit zu verfahren sei. Die nötigen Grundlagen setzt er voraus.
Norddeutsch geprägt war 1594 das »Kunstbuch von mancherley Essen« vom Mundkoch im Dienste der Herzöge von Braunschweig-Lüneburg Frantz von Rontzier: »Gesotten, Gebraten, Pasteten, von Hirschen, Vogelen, Wildtprat und anderen Schawessen, so auff Fürstlichen und anderen Pancketen zuzurichten gehörig«. Trotz seiner hochwertigen Darstellung hatte es keine hohe Verbreitung.
Eine Blankenburger Rezeptsammlung aus dem 16. Jahrhundert mit lateinisch-frühhochdeutschen und griechischen Rezepten stammt höchstwahrscheinlich von Klosterschreibern. Sie befindet sich in der Herzog-August-Bibliothek Wolfenbüttel und verrät uns das Rezept **»Gebackener Holunder«**:
»12 Holunderblüten, Saft von ½ Zitrone, etwas Branntwein, 1 EL Puderzucker, Pfannkuchenteig, Butter zum Ausbacken, Zucker und Zimt.
Die frisch gepflückten Holunderblüten, gerade aufgeblüht, waschen und trocken schütteln, 2-3 Stunden in die Marinade aus den genannten Zutaten legen, dann die Blüten herausnehmen und abtropfen lassen.
Für den Pfannkuchenteig etwas mehr Mehl als üblich verwenden, die Flüssig-

keit der Marinade hinzugießen, die Blüten in den Pfannkuchenteig einstippen und in viel Butter backen. Wenn der Teig fest zu werden beginnt, Stiele abschneiden, abtropfen lassen, mit Zimt und Zucker heiß servieren!«
Am Anfang waren Messer, Löffel und Finger. Fleisch wurde mit den Händen oder dem Messer aus der gemeinsamen Schüssel entnommen.
»Finger in die brühe zu tuncken/ ist beurisch/ Er sol aber mit einem messer heraußlangen/ was er will« (Erasmus von Rotterdam).
Gabeln waren selbst in Fürstenhäusern noch ziemlich selten. Erste Erwähnung fanden sie in Italien im 14. Jahrhundert. Sie sind aus dem Bratspießhalter, der als Haltegriff beim Tranchieren diente, entstanden und waren zunächst Standesattribut. Wegen ihres Aussehens galt die Gabel als Werkzeug des Teufels, abgeleitet vom Dreizack des Erderschütterers Poseidon aus der griechischen Mythologie. Hildegard von Bingen meinte, wer sie benutze, höhne Gott. Auch Martin Luther akzeptierte nicht, mit der Gabel in den Topf zu langen: »Gott behüte uns vor Gabelstichen, denn sie machen drei Löcher.«
Ende des 16. Jahrhunderts war die Gabel auf deutschen Tafeln und Tischen Bestandteil des Gedecks. Damit ging auch eine Veränderung der Speisen- und Tischkultur einher.
Erwähnenswert ist noch das »Diäteticon« von 1682. Der Hofmedicus des Kurfürsten von Brandenburg Friedrich Wilhelm Johann Sigismund Elsholtz fügte dem medizinischen Teil noch eine Übersetzung aus einem französischen Kochbuch als Anhang hinzu. Denn die französische feine Küche begann nun in Deutschland zunehmend an Einfluß zu gewinnen. Später gelang es ihr, das kulinarische Denken in Europa so zu beherrschen wie in keiner anderen Landesküche.

Eine tiefgreifende Veränderung in der Ernährung und im Geschmack der Speisen brachte die Tartuffel, die Kartoffel. Der »Erdapfel« aus Südamerika, zunächst nur als Ziergewächs gepflanzt, wurde dann zum Grundnahrungsmittel und veränderte den Inhalt der Kochbücher. Der Weg vom Ursprungsland in die europäische Küche war sehr langwierig. 1664 findet sich im »Berliner Hofküchenkochbuch« das erste deutschsprachige Kartoffelrezept, die erste literarische Beschreibung eines Kartoffelsalates in der »Georgica Curiosa« von dem österreichischen Agronomen Wolf Helmhard von Hoberg 1682.

Einer der ersten in der Harzer Landschaft, der die eigentliche Bedeutung der Kartoffel erkannte und Hinweise für den Verzehr aufzeichnete, war Johann Royer (1547-1655), Gärtner am berühmten Hessenschen Garten der Herzöge zu Braunschweig und Lüneburg, wo sie zunächst als schmückende Gartenpflanze gehalten wurde. Er beschreibt schon 1648 im zweiten Teil seines Buches »Beschreibung des ganzen Fürstlich: Braunschweig: Gartens zu Hessen... Wie man unterschiedliche Vornehme Garten Gewächse in der Küchen vielfältig nützen und zubereiten solle« und erwähnt neben der Artischocke auch die Kartoffel: »Von den Erdäpfeln und Erdartischocken oder Knollen und von den Tartuffeln kann man auch ein gut Essen zubereiten« Mengenangaben und Kochzeiten fehlen, Angaben zu Gewürzen sind nicht konkret, es heißt nur »Gewürz«, »würzt man« oder »mit Salz und Gewürz bestreuen.« Wer also nachkochen möchte, darf nach eigenem Geschmack experimentieren:

Die deutsche Kartoffel

Gebratene Artischockenböden

Royers Anleitung beginnt mit den Erdartischocken. Die Blütenköpfe werden geerntet, wenn sie noch geschlossen sind. Der Geschmack ist feinherb und zartbitter. Damals sind nur die Böden und kleinere Blütenköpfe ganz verwendet worden.

Zur Vorbereitung Einweghandschuhe anziehen, sonst werden die Hände braun. Artischocken abspülen, den Stiel abbrechen, um die harten und ungenießbaren Fasern von dem Boden zu lösen. Dann werden die Blätter ringsum abgeschnitten, man teilt die Artischocke auseinander und entfernt das rauhe Schwammenwerk (Samenfäden) bis auf den reinen Kern.

Diese vorbereiteten Artischockenböden in Wasser vorkochen, abtropfen lassen und in mundgerechte Stücke teilen. In der Pfanne mit Butter mürbe braten, mit Salz und Ingwer würzen. Man kann die Artischockenböden auch mit Brühe zubereiten. Nach dem Vorkochen Wasser abgießen und mit einer kräftigen Brühe auffüllen, mit Salz und Ingwer würzen, garkochen und anrichten.

Die Artischocke wirkt durch die Bitterstoffe appetitanregend, fördert den Fettstoffwechsel und senkt den Cholesterinspiegel.

Kartoffeln in Weißweinsauce

Die kleinen gesäuberten Kartoffeln werden fast gargekocht, die Haut wird abgepellt, die größeren Kartoffeln werden geteilt und im Topf mit Weißwein, Butter, Muskatblumen, Salz und Pfeffer fertig gegart. Vor dem Servieren mit Ingwer bestreuen.

Unter Friedrich II. ist 1741 die Kartoffel in Benneckenstein als Nahrungsmittel angebaut worden. Sieben Jahre später versuchte es der Hofjägermeister von

Kartoffeldenkmal

Herzog Carl I. von Braunschweig-Lüneburg bei Braunlage ohne Erfolg. Auf dem damaligen Versuchsfeld steht heute noch das Kartoffeldenkmal, das an die Begebenheit 1748 erinnert. Es ist über den fünf Kilometer langen Forst- und Wanderweg »Alte Tanner Poststraße« zu erreichen.

Das schönste Loblied, das ihr gewidmet wurde, schrieb Matthias Claudius. Er lebte mit seiner Familie in bescheidenen Verhältnissen. Äpfel zu Weihnachten waren für ihn das schönste Geschenk, und die Speisekarte wurde mit dem gefüllt, was die Speisekammer hergab. Im »Wandsbecker Boten« (1771-1775) war das Lied zu lesen:

»Pasteten hin, Pasteten her,
was kümmern uns Pasteten?
Die Kumme hier ist auch nicht leer,
und schmeckt so gut als bonne chere (gutes Fleisch)
von Fröschen und von Kröten.

Und viel Pastet und Leckerbrot
Verdirbt nur Blut und Magen.
Die Köche kochen lauter Not,
sie kochen uns viel eher tot;
Ihr Herren lasst euch sagen!

Schön rötlich die Kartoffeln sind
Und weiß wie Alabaster!
Sie däu'n sich lieblich und geschwind
Und sind für Mann und Frau und Kind
Ein rechtes Magenpflaster.«

In der Renaissancezeit befaßten sich erstmalig auch Frauen mit dem Schreiben von Kochbüchern, auch wenn sie noch nicht gedruckt wurden. Von der Amberger Arztwitwe Anna Wecker sind Hausmittel und Rezepte überliefert. Ihr Mann vertraute der Küche mehr als dem Apotheker, wenn es um die Behandlung eigener Leiden ging. Von ihrer Sammlung hätten wir wohl nichts erfahren, wenn nicht die Tochter sie aus Geldnot 1597 einem Verlag zum Druck in Auftrag gegeben hätte. Das Buch handelt in vier Kapiteln »von Mandeln, Gersten und allerlei Gemüse, von allerlei dürrem und grünem Obst, von allerlei Fleischwerk, wildem und zahmem und von allerlei Fischen, Sülzen und Soßen«.
Wortgewandt verstand Frau Wecker das Wissen der Zeit umzusetzen – ein informatives Vermächtnis aus der Zeit des 16. Jahrhunderts. Interessant ist ihre ausführliche Anweisung von Mandelmilch, die die Masse geschmeidiger und weniger ölig macht:
»Zu einem Liter Mandelmilch nimm ein viertel Pfund… gute süße frische Mandeln. Die leg in heißes Wasser, sobald sie sich schälen lassen, zieh ihnen die Haut ab. Wirf sie in frisches Brunnenwasser und laß sie ein wenig liegen. Dann wasch sie schön aus. Stampf oder stoß sie in einem steinernen Mörser mit einem hölzernen Stößel ganz fein… nur daß du nicht mit einem eisernen Stößel stößt, sonst würden sie nicht nur schwarz, sondern auch bitter. Während des Stoßens bespreng sie mehrfach mit Rosenwasser oder anderem Wasser, mit dem du sie durch ein Tuch treiben willst; sie werden sonst ölig und schwarz. Nimm auch nicht zu viel Wasser, denn wenn sie zu naß werden, lassen sie sich nicht mehr klein stoßen. Sie müssen aber ganz rein und zart sein. Sonst ist es nicht nur unnütz, sondern sie geben auch nicht ihre Kraft, wie sie sollen.
…so nimm Milch, wie sie von der Kuh kommt, reib die Mandeln im Mörser nach und nach damit an, leg dann ein schönes weißes Tuch in eine Schüssel, gieß die Mandeln da hinein, reib sie ein wenig mit einem Löffel hin und her, faß das Tuch zusammen und winde sie aus, so fest du kannst.«

Im 18. Jahrhundert entstanden zunehmend Kochbücher mit regionaler Bedeutung und für alle, wie sie heute in fast jedem Haushalt zu finden sind.
Die erste Köchin, die für die Leipziger Bürgerhäuser kochte und sich zur bekannten Berufsköchin entwickelte, war Susanna Eger. Sie schrieb ihr Wissen in 900 Rezepten der sächsischen Küche auf, das 1706 als »Leipziger Kochbuch« erschien. Bemerkenswert für die damalige Zeit sind Mengenangaben in den Rezepten und Umrechnungstabellen für Münzen und Gewichte.
Suppen, ein Urelement der Küche, gehörten zum frühesten Leben dazu. Von ihr abgeleitet sind Saucen, Eintöpfe, Brühen, Breie.
In der Barockzeit spielten Suppen eine besondere Rolle. Sie trennten sich nun in herrschaftlich hoffähige und volkstümliche Suppen.
Reichsgraf von Rumford erfand 1795 eine preisgekrönte, nahrhafte Suppe aus Graupen und getrockneten Erbsen, die

Rumfordsuppe, für die Soldaten seines Dienstherren, des bayrischen Kurfürsten Karl Theodor von der Pfalz, und für die Arbeitslosen, um sie sparsam, aber nahrhaft zu versorgen. Daraus entstanden zahlreiche Suppenküchen für Bedürftige.
»Die Art, diese Suppe zu bereiten, ist folgende: Das Wasser und die Gerstengraupen werden zusammen in einen Kochkessel getan und zum Kochen gebracht; dann werden die Erbsen hinzugetan, und das Kochen wird über mäßigem Feuer zwei Stunden lang fortgesetzt; dann werden die Kartoffeln hinzugetan, und das Kochen wird noch eine Stunde lang fortgesetzt. Während dieser Zeit wird... fleißig mit einem großen hölzernen Löffel umgerührt... um die Suppe zu einer gleichförmigen Masse zu machen... werden Weinessig, Salz und zuletzt, wenn die Suppe aufgetragen werden soll, Brotschnitte hinzugetan.«
Rumford hatte diese Suppe als »die wohlfeilste schmackhafteste und nahrhafteste Suppe« bezeichnet. Über ihre Nahrhaftigkeit und den Geschmack waren die Meinungen allerdings geteilt.

Von Rumford, Erfinder der Rumfordsuppe

Justus Liebig (1803-1873) entwickelte 1824 als Chemiker die Erbswurst, eine aus Erbsen und Bohnen bestehende Nahrung mit hohem Eiweißgehalt, die tierische Proteine ersetzen kann. Sein größter Erfolg war die Entwicklung von Liebigs Fleisch-Extrakt, das zum Wegbereiter der modernen Suppenindustrie wurde. Erst 1886 brachte Julius Maggi als Konkurrenz für den Fleischextrakt die preisgünstigere Maggi's Suppen- und Speisewürze heraus, die den Geschmack der Speisen erheblich veränderte. Sie verdrängte die Vielfalt lokaler Gewürze und wurde zum Synonym deutscher Einheitswürze.
Maggi-Kochbücher wurden Bestseller. Frank Wedekind verfaßte Reklame für Maggi-Suppen: »›Wenn der Kochkurs nicht wär‹, seufzte das siebzehnjährige, schlanke, schwarzäugige Engelskind, ›so wollte ich ja gerne heirathen. Aber er wünscht durchaus, dass ich vorher einen Kochkurs nehme.‹ ›Elschen, beruhige Dich‹ sagte darauf die Mutter. ›Das nothwendigste will ich Dir schon beibringen; und dann würzest Du ihm jeden Mittag die Gerichte mit diesem Fläschchen hier. Pass mal auf, was der für Augen machen wird. Täglich giebt er Dir zwei Küsse mehr dafür! Es ist nämlich Maggi's Suppen- und Speisewürze.‹«

Brenn dich nicht, das Süppchen ist zu heiß!

Maggi-Vertrieb

Julius Maggi kreierte auch ein Erbsen- und Bohnenpulver. Zeitsparend ließen sich daraus nahrhafte Speisen herstellen. Eine Bequemlichkeitskost, der die Fleisch-Brühwürfel, Saucen und Würzmittel folgten, um den werktätigen Frauen das Essenkochen zu erleichtern.
Reichhaltigere Suppen-Rezepte wurden mit verschiedenen Gemüsearten wie Karotten, Zwiebeln, Sellerie, Lauch, Weißkohl oder Sauerkraut ergänzt; statt Wasser nahm man Knochenbrühe, mit Fleisch angereichert. Diese Suppe wurde mit Kräutern und Pfeffer gewürzt. In Fett geröstete Brotwürfel kamen vor dem Servieren noch hinzu. Solche Varianten fanden auch Eingang in die bürgerliche Küche des 19. Jahrhunderts – sättigende Suppen, die als vollständige Mahlzeit dienten. Regional wurden solche Gerichte auch als »Durcheinander« bezeichnet. Sie sind erst Anfang des 20. Jahrhunderts mit Eintopf bezeichnet worden. Der Eintopf gehörte dann auch zu den Gerichten der Resteverwertung.

Im 19. Jahrhundert fällt der Begriff »Geschmackssinn«. Das Buch »Geist der Kochkunst« von Karl Friedrich von Rumohr 1823 beinhaltet ein Konzept, das zum Ursprung, zur »Ursuppe« und zum »Urbrei« seiner Vorfahren zurückkehrt. Seiner Meinung nach ist die Brotsuppe die einfachste und wohl auch die älteste aller Suppen, »deren Erfindung dem neueren Italien anzuschreiben scheint, denn Suppe kommt von dem italienischen Beiwort zuppo, zuppa, welches sich auf schwammige Körper bezieht, die eine beliebige Feuchtigkeit eingesogen haben.« Bis heute heißt auf Italienisch nur die Brotsuppe zuppa. Alle anderen Suppen sind ministre, das Brei oder Mus bedeutet. Danach ist heute die Ministrone benannt. Das Einfache, Ungemischte und Ungekünstelte haben für Rumohr die höchsten Werte. Gegen die Schlemmergelage stellt er das Motto »Entwickle aus jedem eßbaren Dinge, was dessen natürlicher Beschaffenheit angemessen ist.« Er verzichtet auf langatmige Aufzählungen geisttötender Kochbücher und appelliert stattdessen an die Erfindungsgabe der Leser. Auch auf Kräuter legte er großen Wert: »Mögest du künftig an dem feinen Aroma leicht zu erzielender Küchenkräuter, an der guten und gut bereiteten Qualität deiner Landessprache ein recht inniges Gefallen finden. Du würdest… dich höchstwahrscheinlich selbst ungleich besser befinden als bisher.«

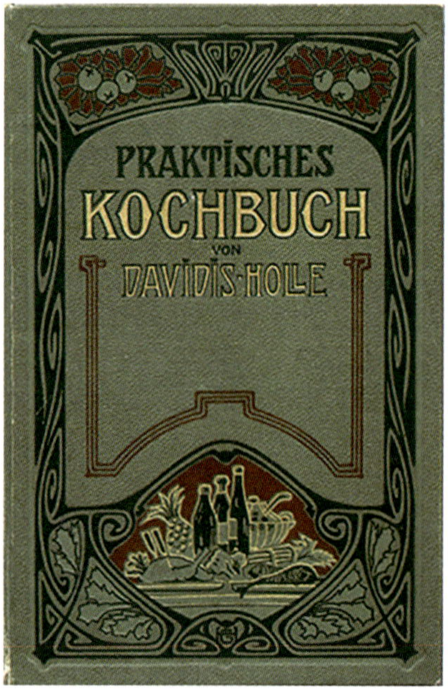

Bestseller: Kochbuch von Henriette Davidis

Bis zum Beginn moderner Zivilisation blieben Kochen und Braten weitgehend unverändert. Dann machte sich der strukturelle Wandel der Grundnahrungsmittel bemerkbar. Soziale Unterschiede wurden deutlich.
Den großen Durchbruch erreichte die Pastorentochter Henriette Davidis in Mittel-Westphalen. Sie gilt als berühmteste Kochbuchautorin Deutschlands. Dieses »Praktisches Kochbuch« erschien 1845 als pädagogisches Lehrbuch und Nachschlagewerk, das die Vorreiterrolle für weitere Kochbücher einnahm – der große Durchbruch der bürgerlichen Küche! Alle paar Jahre erlebte das Kochbuch eine neue Auflage, 1904 war es bereits die 41. Auflage. Es ist bis heute auch über Deutschland hinaus bekannt. 1897 erschien in den USA für Auslanddeutsche eine besondere Ausgabe. Die Herausgeber betonen, »sie seien dem als das beste allgemein anerkannte Kochbuche von Henriette Davidis gefolgt«. Sie selbst war Hauswirtschaftslehrerin, Erzieherin und Gouvernante.
Das »Praktisches Kochbuch«, das nach dem Tod der Henriette Davidis 1876 ab der 32. Auflage weitergeführt und überarbeitet wurde, erscheint sogar noch in den 1990er Jahren. Neben technischen Erneuerungen sind Gerichte der »feinen Küche« und »Krankenspeisen« sowie ein Kapitel »Über die Verwertung von Resten« hinzugekommen:
»Geschwind gemachte **Semmel-Pastetchen von Fleischresten**
Man hackt übriggebliebenen Kalbsbraten, oder was man dieser Art hat, mit etwas fettem Fleisch, auch kann Schinken dazu genommen werden, ganz fein, gibt Muskat, Salz, ein Stück Butter, einige Eier, Petersilie oder etwas gehackte Schalotten oder Zwiebeln hinzu und rührt dies über Feuer zu einer nicht zu steifen Farce. Dann wird von den kleinen Brötchen die Kruste abgerieben, eine Schnitte flach abgeschnitten, vorsichtig ausgehöhlt und in jedes die Farce gefüllt, wieder zugedeckt und mit einem hölzernen Spillchen durchstochen… werden die Brötchen in einer Pfanne in den Ofen gesetzt, worin man Milch und Butter hat heiß werden lassen, und fleißig damit begossen… bis sie gelbbräunlich geworden sind.«
Ein alphabetisches Register ist vorangestellt.
Für eine aufmerksame Köchin nennt sie in der Einleitung die notwendigen Anforderungen wie Reinlichkeit, Sparsamkeit, Achtsamkeit, ruhige Überlegung

zum Einkauf und Sorgfalt beim Anrichten der Speisen. Auch ein Anhang mit Vorschlägen für die Bewirtung von Gästen, saisonal strukturierte Menüvorschläge und ein Küchenzettel, nach Jahreszeiten geordnet, sind integriert.

Eine Kostbarkeit ist das »Koch Buch. v. J. Leonhard. 1842«. Das fadengeheftete zweibändige Buch in braunem Halbleder von Johanne Henriette Leonhard aus Arnstadt enthält 154 handgeschriebene Rezept-Seiten mit unterschiedlichen Handschriften. Vermutlich hat Johanne Leonhard die meisten Rezepte selbst eingeschrieben. Andere Handschriften verweisen auf andere Schreiberinnen. Auch eingeklebte Zeitungsausschnitte sind vorhanden. Johanne Leonhard hat ihr Koch- und Backbuch für den persönlichen Bedarf als Gedankenstütze angelegt.
Es war seinerzeit üblich, das eigene handschriftliche Kochbuch Freundinnen zum Eintragen neuer Rezepte zu überlassen, so daß diese Verfahrensweise an die eines Poesiealbums erinnert.
Das Kochbuch hat höchstwahrscheinlich später auch die Besitzer gewechselt. Es ist zwar nicht klar gegliedert, dafür enthält es aber ein Register. Heute befindet sich dieses Buch in Privatbesitz.
In der Überzahl sind Backrezepte enthalten, Fisch-, Wild- und Geflügelgerichte fehlen ganz. Zahlreiche Rezepte belegen, daß die Kartoffel eine große Rolle in der Familie spielte. Zwei Rezepte werden über Kartoffelklöße mitgeteilt:

Rohe Kartoffelklöße Nr. 199
»2 Metzen (ca. 7 kg) Kartoffeln geschält gerieben und tüchtig gewässert dann das Mehl etwas beseitiget von 6 Nößel (ca. 3 Liter) Milch Brei gemacht von ¼ Pfund Gries den Schab damit gebrüht ¾ Pfund Speck 18 Pfennige Semmel darin gerößtet und in jeden Kloß die Semmel inwendig hinein gedrückt dann in wallendes Wasser gethan und eine halbe Stunde gekocht. Der Schab muß aber hübsch ausgepresst werden.«
Die Thüringer rohen Kartoffelklöße haben in Varianten in der ersten Hälfte des 19. Jahrhunderts ihren Siegeszug angetreten.

Die vielen Fertigprodukte und die zunehmende Massenproduktion der Neuzeit führten zu einem Ernährungswandel und diktierten den Speisezettel. Eine Reformbewegung setzte ein, die ersten Reformhäuser entstanden. Die Naturheilkunde, »so natürlich wie möglich«, warnte vor Gesundheitsschäden bei falscher Ernährung und stellte Gesundheitsregeln auf.
Das Angebot der Läden war ähnlich der heutigen Produktpalette. Auf speziellen Gesundheits- und Ernährungsmessen sind die Reformprodukte den Besuchern vorgestellt worden. Der Ansatz des Vegetarismus entstand. Zentrale Bedeutung der frühen vegetarischen Bewegung kommt dem freireligiösen Pfarrer Theodor Baltzer zu. In der Zeit von 1867-1872 verfaßte er ein vierbändiges Werk »Die natürliche Lebensweise«. Er gründete in Nordhausen den ersten Vegetarischen Verein. Den Vegetarismus begründete er moralisch, politisch, religiös, volkswirtschaftlich und gesundheitlich. Er sah

auch mit der billigeren vegetarischen Kost die Möglichkeit, die ärmere Bevölkerungsschicht besser zu ernähren.

Exotische Heißgetränke aus der überseeischen Ursprungskultur wie Kaffee, Tee und Schokolade fanden in der frühen Neuzeit schnellen Eingang in das kulinarische Rezeptrepertoire. Der morgendliche Brei wurde völlig verdrängt! Einige sahen in der »Pest des Kaffeetrinkens« eine Gefahr. Michael Richard Buck, Mediziner und Kulturhistoriker, bedauert in seinem Buch von 1865 »Medizinischer Volksglaube und Volksaberglaube aus Schwaben – eine kulturhistorische Skizze« den Verlust des Kornbreies am Morgen:
»Löbliches kann man von ihm (Kaffee) nicht viel sagen, denn er verdrängt die uraltgewohnten kräftigen Habermuse und Suppen. Anstatt Blut zu machen wie Haber- oder Kornmus… macht er das ohnedieß blasser werdende Geschlecht noch blasser, nervöser, elender und schwächlicher…. Besser fürwahr, es wäre nie eine Bohne in deutsche Lande gekommen, als daß wir mit dem giftigen Trank das Elend ganzer Geschlechtsreihen hineintrinken.«

Zunächst fand das braune Gebräu also nicht immer Zustimmung, aber der Kaffeegenuß setzte sich letztlich doch durch. Für die Verbreitung der eigentlich bitteren fremden Artikel sorgten Mediziner, die sie als Heilmittel propagierten; damit entwickelten sich die neuen Getränke auch als Genußmittel. Die Kaffeekultur hat ihre Quelle in Arabien, die sich bis ins 15. Jahrhundert zurückverfolgen läßt. Die Kaffeebohnen sind bitter, erst durch den Röstvorgang wird der Geschmack milder. 1685 soll in Leipzig das erste Kaffeehaus »Zum arabischen Coffee-Baum« eröffnet worden sein, das heute noch zum Kaffeegenuß einlädt. Thomaskantor Johann Sebastian Bach verdanken wir die humorvolle Kaffeekantate BWV 211 (1734) »Schweigt stille, plaudert nicht«, die Bachs Collegium musicum wahrscheinlich in Zimmermanns Kaffeehaus in der Katharinenstraße zu Leipzig uraufgeführt hat, zumal er dort wöchentlich öffentlich musizierte. Er karikiert den ungeheuren Kaffeedurst seiner Zeit. Der Tochter eines erbosten Vaters soll der Kaffee mit allen Mitteln verleidet werden, aber das schlaue Lieschen gewinnt den Kaffeestreit.

»Ei, wie schmeckt der Coffee süße,
lieblicher als tausend Küsse,
milder als Muscatenwein.
Coffee, Coffee muß ich haben,
und wenn jemand mich will haben,
ach, so schenkt mir Coffee ein.«

Der Tee als Heißgetränk hat seinen Ursprung in China und Nordindien, in den natürlichen Verbreitungsgebieten der Teepflanze. Die Nutzung der Teeblätter war bereits in vorchristlicher Zeit bekannt, erst im 14./15. Jahrhundert entwickelte sich daraus die Teekultur in Europa. Das Teeland wurde England.
Die Schokolade war bereits in den Ursprungsländern Mittelamerikas von Anfang an ein Luxusartikel. Der Kakaobaum, eine anspruchsvolle Pflanze der Tropen, wurde seiner Samen wegen gezüchtet. Im Mark einer Kakaofrucht verbergen sich bis zu 60 mittelgroße Samen. Die getrockneten Kakaobohnen werden geröstet, zerquetscht und die Schalenteile entfernt. Das Kakaopulver ist zusammen mit Chili und Vanille in Wasser aufgekocht worden.

Werbung von Dr. Oetker

An der Wende zum 20. Jahrhundert nahm die Flut an Kochbüchern zu. Sie waren vorwiegend bebildert. Die Rezept-Einleitung der Bücher wurde einander angeglichen und begann nun einheitlich mit »Man nehme…« Exakte Mengen- und Temperaturangaben wurden üblich, und auch Kochrezepte anderer Länder flossen in die populären Kochbücher ein.
Der Reformator der Kochkunst aus dem 20. Jahrhundert war Auguste Escoffier (1846-1935), der »Kaiser der Köche«. Sein »Kochkunstführer« (Guide Culinaire) von 1907 wird auch als Bibel der Herdvirtuosen bezeichnet. Es ist ein Hand- und Nachschlagewerk der klassischen französischen Küche und der feinen internationalen Küche.
1911 erschien erstmals das deutschsprachige Schulkochbuch für den Hauswirtschaftlichen Unterricht »Dr. Oetker Schulkochbuch« und das unter dem Pseudonym Hedwig Maria Stuber 1955 erstmals veröffentlichte »Ich helf dir

kochen«. Von beiden Büchern gab es Dutzende Auflagen. Die Hefe wurde durch das Backpulver ersetzt. Bis heute wird nach Rezepten von Dr. Oetker gekocht und gebacken:

Makkaroniauflauf mit Schinken
»250 g gekochte Makkaroni, 125-150 g gekochter Schinken, 60 g geriebener Käse, 2 Eier, ¼ l Milch oder saure Sahne, 2 Eßl. Semmelmehl oder geriebenen Käse, 20 g Butter.
Die Makkaroni werden mit dem kleinwürfeligen Schinken und dem Käse schichtweise in die gefettete Auflaufform gefüllt. Eier, Milch oder Sahne verquirlt darübergegossen, obenauf Semmelmehl und Butterflöckchen verteilt. Man reicht grünen Salat dazu. Statt Schinken kann man halbgare Pilze oder rohe Tomatenscheiben einschichten, anstelle der verquirlten Eier kann Tomatensoße verwende werden. Die Backzeit beträgt 45 Minuten.«

Die erste Hälfte des 20. Jahrhundert war geprägt von beiden Weltkriegen und damit von Hungersnot und Lebensmittelknappheit. Notrezepte entstanden, Hausfrauen wurden erfinderisch, um aus Wenigem eine Mahlzeit zu kreieren. 1919 erschien von Marga Hinzpeter das »Sparkochbuch« und von Luise Bolle das »Kriegskochbuch« mit Notgerichten, an denen die Hausfrauenerfindungsgabe ablesbar ist, Schwierigkeiten zu überwinden. Imitationen sind aus Mangel erdacht, so waren Kapern nun in Essig gelegte Knospen von Löwenzahn. »Wo Armut herrscht, empfiehlt sich die Mäßigung von selbst«, sagt ein Sprichwort.

Notrezept anno 45 – **Künstliche Leberwurst**
Man kochte einen Griesbrei, den man mit Salz abschmeckte. Eine gekochte Zwiebel wurde durch ein Sieb gestrichen, dann wurde beides vermischt, anstatt Leber wurde Hefe zugegeben. Dann schmeckte man mit Majoran ab.
(Johanna Grähn, Schönebeck)

Es dauerte lange, bis man sich wieder für Genuß zu interessieren begann. So erfand der erste Fernsehkoch und Schauspieler Clemens Willmenrod 1953 den Hawai-Toast. Modegericht in Ost und West war das Ragout fin in Schalen.

Innovatives Kochen wird nun mehr und mehr zum Gesellschaftsthema. Kantinenessen, Mensaessen bedeuteten die Abkehr von der traditionellen Küche, bedingt auch durch die Etablierung von Supermärkten, Tiefkühltruhen und Mikrowellen. Imbißbuden verleiteten zum schnellen »Sich-Einschieben« eines Snacks. Dazu passend erschien 1975 von Peter Fischer »Schlaraffenland nimms in die Hand! Kochbuch für Gesellschaften, Kollektive und andere Menschenhaufen sowie isolierte Fresser.«

Fressender Narr

Mit der »schönen neuen Freßwelt« und dem resultierenden Übergewicht begann auch der Diäten-Wettlauf. Der wirtschaftliche Wohlstand führte zur Internationalisierung der Küche. Beginnend mit den sogenannten Balkangrill-Restaurants wurden aber oft nur Surrogate zum Hit: Burger, Döner, Take aways – lieblos, banal.
In der DDR sind durchaus eigene Rezepte entwickelt worden. In den Gaststätten waren die Speisen bodenständiger als im Westen. Neu war ab 1953 die Soljanka, die am besten aus dem großen Topf schmeckt:

Soljanka für 15 Personen
2 kg Kassler oder Schnitzelfleisch, 350 g Jagdwurst, 4 gehackte Zwiebeln, 2 Gläser Gewürzgurken zerkleinert, 2 Gläser Letscho, 300 g Kirschtomaten, gewürfelt, 1 Becker saure Sahne (oder Schmand), Salz, Pfeffer, Edelsüßpaprika, nach Belieben Ketchup, Wasser.
Das Fleisch in Öl anbraten, mit den Gewürzen abschmecken, Wurst und Zwiebeln zugeben.
Alles zusammen in einen großen Topf; Gurken, Tomaten und Letscho ergänzen und mit Wasser soweit auffüllen, daß eine cremige Konsistenz entsteht, also nicht zu dick! Alles 30 Minuten köcheln lassen, bis das Fleisch weich ist. Nach Bedarf mit Ketchup nachwürzen. Saure Sahne separat auf den Tisch stellen. Dazu reicht man Baguette.

Broilerkult in der DDR

Es entstand eine eigene Verlagskultur wie Kochsendungen im Fernsehen. Der beliebteste Fernsehkoch der DDR Kurt Drummer gab seit 1958 rund 650 Mal in »Der Fernsehkoch empfiehlt« manche Ratschläge, auch »Omas Rezepte« mit Zugaben von HO und Konsum kamen bei ihm zu Ehren.
Ein knuspriger DDR-Klassiker war der Goldbroiler (im Westen Grillhähnchen). Das Rezept ist frei nach der Fernsehsendung notiert:

Original DDR **Goldbroiler**
1 Broiler, Salz & Pfeffer, 1 EL Paprikapulver, Saft einer Zitrone, Petersilie, 3 Zwiebeln, 2 EL Öl, ¼ l Apfelsaft, 3 Paprikafrüchte mariniert.

Zum Binden ¼ l gesäuerte Milch, 1 Apfel, 1 EL Mehl. Mehr ist nicht vonnöten.
Zerteile den gut gewaschenen Broiler in 8 Stücke (je 4 Brust und Keulenstücke), lege ihn in eine Schüssel, würze mit 1,5 EL Öl, Salz, Pfeffer, Paprikapulver, Zitronensaft, Petersilie; eine in Scheiben geschnittene Zwiebel untermischen. Zugedeckt 24 Stunden marinieren lassen.
Ca. 45 Min. vor dem Essen restliches Öl in einer Pfanne erhitzen, abgetropfte Broilerstücke anbraten, die restlichen Zwiebeln zufügen und 1 EL Paprika darüberstreuen.
Nach und nach mit Apfelsaft ablöschen. Das Gericht fast gar werden lassen. Kurz bevor das Fleisch weich ist, die in Streifen geschnittenen Paprikafrüchte zugeben und alles vollständig garen. Mit Salz und Pfeffer abschmecken.
Zuletzt den würzigen Bratensaft mit der Mischung aus Milch, geriebenem Apfel und Mehl binden.
1970 eröffnete in Erfurt das erste Broiler-Restaurant. Sehr begehrt war auch in Warnemünde die Broiler-Bar im Neptun-Hotel.

Das erfolgreichste Kochbuch der DDR »Wir kochen gut« mit über 1000 Rezepten brachte regionale und Hausmannskost seit 1962 in die Haushalte, die vorher in der Verlagsküche gekocht war.
Medienwirksame Auftritte mit prominenten Persönlichkeiten wurden in Westdeutschland in den 80ger Jahren populär, so mit Hannelore Kohl und Heidi Kabel, die ihre Kochrezepte vorstellten.
1990 ist vom Zentralantiquariat der DDR »Ein dreihundertjähriges deutsches Kloster-Kochbuch« als Reprint herausgegeben worden. Es soll von einem Dominikaner verfaßt worden sein und gibt einen kulturgeschichtlich interessanten Einblick in die Koch- und Eßgewohnheiten vor mehr als 400 Jahren.
Seit der Jahrhundertwende gibt es für alle nur denkbaren Bedürfnisse die unterschiedlichsten Kochbücher, ebenso für neue Kochtechniken: Kochen mit Gas oder Elektrizität, auf dem Grill, mit dem Römertopf, mit Jenaer Glas, mit dem Schnellkochtopf; diese Entwicklung hält bis heute an.

Heute, im 21. Jahrhundert überschwemmen Kochbücher in unendlicher Vielzahl den Markt, viele davon befassen sich mit exotischen Küchen und Gerichten, oft ohne daß diese in ihrem kulturellen Zusammenhang verstanden werden. Viele bunte Abbildungen gleichen zuweilen den Mangel an Qualität aus. Jedes Jahr kommen weltweit etwa 16.000 Bücher über Essen und Trinken in die Regale der Buchhandlungen.
Gesellschaftliche Veränderungen und die Entwicklung neuer Herstellungstechnologien wie das sogenannte Convenience-Food beeinflussen mit ihren genormten Vorverarbeitungsstufen nochmals die Eßgewohnheiten und den Geschmack. Tütensuppen, »Supp-Kultur« in Tiefkühlregalen und Eintöpfe in Suppendosen ermöglichen eine problemlose Vorratshaltung. Aber mit jedem dieser Entwicklungsschritte verlieren wir nicht nur Geschmäcker und Aromen, sondern auch die Fähigkeit zum Schmecken von Verschiedenem. Der Kontakt zur Natur wird immer vermittelter, alte Obst- und

Adriaen Brouwer, Der bittere Trank

Gemüsesorten sind schon fast vergessen. Es werden neue Nahrungsmittel entwickelt, die vollmundig eine ganzheitliche vollwertige Mahlzeit versprechen. Konservierungsmittel, Zusatzstoffe, künstliche Aromen, Zuckerersatzstoffe oder zu viel Zucker, undefinierbare Farben und andere Tricks verfälschen aber den Geschmack und führen zur Geschmacksverwirrung. Der Geschmackssinn wird getäuscht.
Zeitsparende Bequemlichkeitskost, portionierte Nahrungsangebote, Fast Food für Esser mit wenig Zeit nehmen uns alles ab. Das Essen muß nur noch funktionieren!

Der Wandel vom Industriezeitalter zum digitalen, globalen und lebensstilorientierten Zeitalter führt auch beim Essen zu Verhaltensunsicherheiten. Der Umgang mit Smartphones, sozialen Medien und Web-TV schafft einen veränderten Markt mit Sofortzugriff auf Inhalte, die medienübergreifend vernetzt sind. Orientierung an tradiertem Wissen geht dabei aber verloren. Kochen wird zur digitalen Schule degradiert. Konsumiert wird letztlich nur am Bildschirm!
Nur Liebhaber, die ihrem Essen einen hohen Stellenwert beimessen, erhalten sich ihre »Nische« Küche wie ein Künstler sein Klavierspielen. Sie bleiben beim Alten, gehen bewußt und achtsam mit dem Essen um und kochen selbst, um zu genießen.
Am besten erholt man sich von den Surrogaten mit einem herzhaftem Imbiß!

»Das süße Zeug ohne Saft und Kraft!
Es hat mir all mein Gedärm erschlafft…
Mir ward ganz übel, mauserig, dumm,
tief in den Garten hinterm Haus
zog ich einen herzhaften Rettich aus,
fraß ihn auch auf bis auf den Schwanz,
da ward ich wieder frisch und genesen ganz.«

(Eduard Mörike)

Anhand der deutschen Kochbuchliteratur muß festgestellt werden, daß es keine spezielle Regionalküche in Deutschland gab und gibt. Die Zutaten aller deutschen Gerichte waren stets keine anderen als unsere heute sind: die Grundnahrungsmittel Getreide, Fisch und Fleisch. Es gibt nur regionale Begriffe und abweichende Zubereitungen und Geschmacksrichtungen. Die Gerichte selbst unterscheiden sich jedoch kaum, eher durch verschiedene Gewürzkombinationen. Überall in Deutschland kennt man gleiche Suppen und Eintöpfe, kocht man die gleichen Beilagen und Hauptgerichte und backt man die gleichen Kuchen. Importierte Gerichte sind letztlich durch das ganze Land eingedeutscht worden. Und Behauptungen, dieses oder jenes Gericht sei in einer bestimmten Region erfunden, erwiesen sich oft als falsch, weil es besagte Gerichte bereits viele Jahre vorher woanders gab.
Der große Teil der Kochbücher, die nur Abschriften ohne eigenen Charakter mit wenig neuen Rezepten enthalten, sind ohne Kochkenntnisse gedankenlos im Wortlaut übertragen worden, ohne zu verstehen, was abgeschrieben wurde. Sie entbehren der Lust am Entdecken, der Neugier am Variieren. Denn Kochweisen haben sich mit der Zeit verändert, auch die Eßkultur. Erstaunlich ist aber zu beobachten, daß modernere Speisen bald wieder aus der Literatur verschwunden sind, andererseits sich gerade Rezepte aus dem Mittelalter bis heute erhalten haben, manchmal auch verändert. Ungehobene Schätze sind die vielen handgeschriebenen persönlichen Kochbücher. Im 18. Jahrhundert war es modern, so ein Kochbuch zu haben, in das kontinuierlich hineingeschrieben werden konnte. Für die kreative Küche wären sie eine Fundgrube, so warten sie noch auf ihre Auswertung.
Seit der industriellen Revolution wurde zunehmend die Sparküche oder die Schnellküche publiziert. Die Küche der ganzen Welt wird probiert, internationale Speisen durchziehen deutsche Kochbücher mit eingedeutschtem Namen. Deutsche Küche war aber immer eine Nationalküche, die die Küche ihres Landes repräsentiert und wichtiger Bestandteil der nationalen Kultur ist. Der angeblich spezifisch nationale Kochstil sollte sich von dem anderer Länder unterscheiden.

Heinrich Heine hatte ein Faible für vollschlanke Frauen und für Sauerkraut, auch wenn er davon Magengrimmen bekam. Seine Liebe zum Essen war der zum Leben ebenbürtig, und an der deutschen Küche bemängelte er nur einen Fehler:
»Von der deutschen Küche kein Wort. Sie hat alle möglichen Tugenden und nur einen einzigen Fehler; ich sage aber nicht welchen. Da gibt's gefühlvolles, jedoch unentschlossenes Backwerk, verliebte Eierspeisen, tüchtige Dampfnudeln, Gemütssuppe mit Gerste, Pfannkuchen mit Apfel und Speck, tugendhafte Hausklöße, Sauerkohl – wohl dem, der es verdauen kann.«

Als Heine 1843 aus Paris nach Deutschland zurückkam, lobte er die biedere deutsche Küche:

»Der Tisch war gedeckt. Hier fand ich
die altgermanische Küche.
Sei mir gegrüßt, mein Sauerkraut,
holdselig sind deine Gerüche.
Gestovte Kastanien im grünen Kohl,
so aß ich einst bei der Mutter!
Ihr himmlischen Stockfische, seid mir gegrüßt,
wie schwimmt ihr klug in der Butter.
Jedwedem fühlenden Herzen bleibt
das Vaterland ewig teuer.
Ich liebe auch recht braun geschmort
die Bücklinge und Eier.
Wie jauchzen die Würste in spritzendem Fett!
Die Krammetsvögel, die frommen
Englein mit Apfelmus,
die zwitschern mir: Willkommen.«

Essen – Ein Fest der Sinne oder das Geheimnis des guten Geschmacks

»Das Speisen sei eine Befriedigung der Sinne,
Essen und Trinken sei ein Fest,
das das Schweigen breche,
das das Herz weiter stimme,
die Menschen zusammenbringe
und Wohlgefühl in Leib und Seele vermittle.«

(Aristoteles)

Die Art, wie wir essen, ist von der Art, wie wir leben, nicht zu trennen. Essen und Trinken wird als Teil der Alltagskultur jedoch unzureichend wahrgenommen. Von unserer Nahrung erwarten wir, daß sie satt macht, appetitlich aussieht, gut duftet und schmeckt. Gleichzeitig soll sie unserer Gesundheit guttun. Aber der Mensch ist nicht nur das, was er ißt, sondern auch wie er ißt.

Die Tafel, der Tisch ist das Sinnbild menschlicher Gemeinschaft. Essen ist eine soziale Angelegenheit, gemeinsame Mahlzeiten verbinden und erziehen zur Aufmerksamkeit für unser Gegenüber, dem man etwas reichen kann, und daß man sich dem Tempo des langsamsten Gastes anpaßt. Essen sei ein sozialer Akt mit Stil und Ästhetik, meinte der Franzose Brillat-Savarin.

Freude und Eßlust würzen auch das Mahl. Aber wer gar keine Lust zu genießen bekommt, muß unglücklich sein. Nach Epikur machen Klugheit und Erfahrung den Genuß der Lust erst aus. Kurzfristige Gier hingegen zerstört die Grundlage der Lust.

Es ist eine Kunst, einer guten Tafel den Reiz zu geben, viel zu essen, ohne sich zu überladen; trinken, ohne den Verstand zu verlieren und lange bei der Tafel zu bleiben, ohne sich dabei zu langweilen. Gemeinsames Essen ist Ausdruck des Teilens und stiftet Geselligkeit, dient der Pflege von Freundschaft und des Gedankenaustauschs. Epikur (341-270 v. Chr.) berichtet: »Es ist viel wichtiger, mit wem Du ißt und trinkst, als was Du ißt und trinkst, denn ohne Freund ist das Leben wie die Abfütterung eines Wolfes oder Löwen.« Und Friedrich Nietzsche resümiert dazu: »Ein Gärtchen, Feigen, kleine Käse und dazu drei oder vier gute Freunde – das war die Üppigkeit Epikurs.«

Adalbert Stifter (1805-1868) war ein hingebungsvoller Esser. In genießerischer Beschaulichkeit wird in seinem Roman »Nachsommer« (1857) gegessen. Alles hat seine Ordnung, und die Essensfreude vertieft ein angeregtes Gespräch.

Es ist ein Bestandteil des Stifterschen Lebensplans, daß er das Essen einfügt in das große Verlangen nach Einfachheit und Schlichtheit.

»Gesegnete Mahlzeit

Sie haben wundervoll diniert;
Warm und behaglich roll ihr Blut,
Voll Menschenliebe ist ihr Herz,
Sie sind der ganzen Welt so gut.

Sie schütteln zärtlich sich die Hand,
Umwandelnd den geleerten Tisch,
Und wünschen, daß gesegnet sei
Der Wein, der Braten und der Fisch.

Die Geistlichkeit, die Weltlichkeit,
Wie sie so ganz verstehen sich!
Ich glaube, Gott verzeihe mir,
Sie lieben sich herzinniglich.«

(Theodor Storm)

Gastfreundschaft ist ein uraltes Gesetz. Platon hatte Mitte des 4. Jahrhunderts das Gastrecht als höchste ethische Pflicht verankert. Ein besonderes Gastverhältnis schildert Albert Camus in seiner Erzählung »L'hote«, deutsch »Der Gast«, das auf einer tiefer gründenden Beziehung von Gabe und Geben liegt; ein verpflichtendes Bündnis zwischen dem, der gibt, und dem, der die Gabe annimmt.
Gastfreundschaft ist die Gabe des Geistes, der Liebe und Freundlichkeit. So verrät ein festlich gedeckter Tisch den Stil des Gastgebers und prägt den Umgang der Gäste miteinander. Das Essen wird durch die Atmosphäre zum Genuß. Auch das besondere Essen aus einem besonderen Anlaß beeinflußt unser Geschmacksempfinden. Ein guter Koch kann genau so wichtig sein wie ein Botschafter. Beide zusammen sind ein Glücksfall. Darum ist die Gastronomie die gängigste Methode der Diplomatie.
Liebe geht durch den Magen, und ein Liebesmahl begnügt sich mit Wenigem. Zwischen hungrig und satt steht das kulturelle System des Essens.

Der heutige verführerische Überfluß ist für uns eine Herausforderung, die Kunst der Einschränkung und die Konzentration auf weniger neu zu erlernen, um zum Urgeschmack zurückzufinden. Wir vermeiden so die Zerstreuung und

Entgrenzung. Wichtigstes Merkmal für eine gute Ernährung ist die Wertschätzung jeder einzelnen Mahlzeit. Das einfachste Essen, mit Liebe zubereitet und mit Respekt gegessen, kann Eßkultur mit Gesundheit verbinden.

»Gutes Essen kostet nicht mehr Zeit oder Geld als schlechtes. Es erfordert allein, den Blick weg zu richten vom Smartphone, weg von den Kochsendungen und hin auf unseren Teller, den Tisch, unsere Mitspeisenden.
Was esse ich da? Wonach schmeckt es? Wer hat es zubereitet, wer angebaut? Mit welchen Menschen teile ich dieses Mahl und wie geht es ihnen?... Beim Essen muß jeder diese Fragen selbst beantworten lernen… Gute Ernährung ist keine Frage von Zeit und Geld. Wer das erkennt, wird seine Lebensmittel achten; genau diese Achtsamkeit ist die Wurzel der Neugier, aus der ein Baum des Wissens wächst. Dessen Frucht ist die Wertschätzung. Sie schließt den Kreis, der bei uns selbst anfängt.« (Felix Olschewski, Kochbuchautor)

Auf das Maß zu achten, ist nicht einfach, aber erst im Wanken zwischen Über- und Untermaß ist das angemessene Maß zu finden. Nach Aristoteles (4. Jh. v. Chr.) sei es unvermeidlich, »gelegentlich nach der Seite des Zuviel, dann nach der des Zuwenig auszubiegen, denn so werden wir am leichtesten die Mitte und das Richtige treffen«. Dieser Prozeß ist nie abgeschlossen. Jeder muß sein eigenes Maß zwischen Zuviel und Zuwenig finden. Die Selbstmäßigung ist eine große und seltene Kunst. Wir gewinnen, wenn wir auch verzichten können. Eine ausgewogene Ernährung mit wenig vollwertigen Zutaten ist auch die Basis für Gesundheit, weil alle Kriterien, die man an das Essen stellt, erfüllt sind. Nicht zu unterschätzen ist die Geselligkeit.

»›Sehen geht vor Hören‹, sagt ein altes Sprichwort. Ist dieses richtig, so gebührt den plastischen Künsten der Vorzug vor den anderen. Nun kann man aber weder sehen noch hören, wenn man nicht ißt; folglich ist doch die Kochkunst die Mutter aller Künste!« (aus »Gastronomische Aphorismen« von Carl Strahlheim 1827).

Eine Mahlzeit soll alle fünf Sinne ansprechen, um die heilsamen Effekte eines sinnlichen Essens für Körper und Geist zu erreichen. Mit Zunge und Gaumen ertasten wir den Verarbeitungsgrad und die Konsistenz der Speise und an den Knackgeräuschen erkennen wir die Frische. Damit Speisen und Getränke ihr volles Aroma entfalten können, müssen wir neben der Zunge auch Nase, Augen, Ohren und Lippen einsetzen und einen Nerv, der den Schmerz als Schärfe hervorruft.
Johann Wolfgang von Goethe, ein essenkundiger Reisender, machte sich mit den Augen Appetit. »Das Auge ißt mit«, lautet ein Sprichwort. Farben signalisieren die Nährstoffe. Entscheidend ist, wie eine Mahlzeit aussieht und wie sie auf dem Teller angerichtet wird.

»Der gute Geschmack ist die Fähigkeit,
der Übertreibung entgegen zu wirken.«
(Hugo von Hoffmannsthal)

Neben den vier Geschmacksrichtungen süß, sauer, bitter und salzig, die unsere Zunge unterscheidet, haben Wissenschaftler noch eine weitere herausgefunden, umami nach dem japanischen Wort für köstlich; mehr wohl als herzhaft oder würzig zu umschreiben.
Ausschlaggebend ist auch unser Geruchssinn. Ohne Teilnahme des Geruchs kann keine vollständige Geschmacksempfindung entstehen. Die Nase folgt Aromen und Düften, denn die entscheidenden Empfindungen kommen durch Aromen zustande. Bei Schnupfen erlebt man die starke Beeinträchtigung des Geschmacksempfindens. Ohne funktionierendes Riechorgan schmeckt alles fast gleich. »Die ärztliche Erfahrung lehrt, daß intensive angenehme Duft- und Schmeckreize anregen und beleben…« (Prof. Dr. H. Glatzel)

Aromen sind aber eher subjektiv, jeder Mensch schmeckt anders. Geschmack kann sich auch ändern ähnlich einem Lernprozeß. Hierbei kommt es auf Probieren an, denn es lassen sich auch Aromen kombinieren, die normalerweise auf der Zunge nicht zusammenkommen, wie süß und pikant.
Essen kann ein Fest der Farben und der Düfte, ein Zusammenspiel aller Sinne werden, wenn wir uns dabei genügend Zeit lassen, die Beschleunigung ausbremsen und den Augenblick und die Atmosphäre genießen, dann essen alle Sinne mit. Aber es schmeckt einem auch so, wie man aufgelegt ist. Ludwig Tieck beschreibt in seiner Literaturkomödie »Der gestiefelte Kater«, daß der Koch die Launen eines Königs lenken kann. Speisen, die man zu sich nimmt, sind sozusagen die Regisseure unserer Gefühle. Und was wir essen, wird auch ein Teil von uns.

Ohren lieben die Küchen und die Eßgeräusche, so das Knistern beim Braten und Rösten oder Kaugeräusche von knusprigen Nüssen und Kernen.
Das knisternde Herdfeuer aus Großmutters Zeiten wird leider nicht mehr erlebt. Der Begriff »Herd« leitet sich von der Göttin Hestia aus der griechischen Mythologie ab. Sie hatte als Hüterin und Opferempfängerin »mitten im Haus« ihren Ehrenplatz, bewahrte den Frieden am häuslichen Herd und war Göttin des Herdfeuers der Gemeinschaft. »Zeus aber gab ihr…mitten im hause zu thronen und sich von Opfern zu nähren. Sie ist hoch gefeiert in allen tempeln der Götter, gilt auch als würdigste Göttin bei allen sterblichen menschen.« (Homer)
Sie hatte das ewige Feuer, die Blüte des Weltalls, auf dem Herdaltar den Feuerbrand, der vom Himmel kommt, zu unterhalten. Auch das Feuer war heilig. Das offene Feuer am Boden war die einfachste Form wie im niederdeutschen Hallenhaus. Neben dem flackernden Feuer in der großen Diele wurde gelebt und gearbeitet. Das Essen köchelte im

Kessel, der an einer Kette über der Glut hing und dessen Temperatur mithilfe eines Kesselhakens geregelt wurde. Einen »Zahn zulegen« bedeutete Verlängerung der Kette. Ohne Rauchabzug war die Schwarze Küche lange üblich, bis die Wohnstube abgetrennt und mit einem Kachelofen beheizt wurde.
Wir aber haben auch vergessen, daß wir einmal unsere Kartoffeln im Feuer rösteten.

Offenes Herdfeuer

»Wir sprangen durchs Kartoffelfeuer,
Es beizte Rauch die Augen wund,
Und unter moosigem Gemäuer
War bitterrot von Rauch mein Mund.

Wir rückten dicht ans duftend herbe
Milchblau gewundne Rauchgeäst.
Daß nirgends faul ein Kraut verderbe,
Besorgte unser Feuerfest.

Es war noch lang im Heimwärtsfahren
Und duftete bis tief in Nacht
Aus vielen warmen Kinderhaaren,
Die Spiel und Wind verwirrt gemacht.«

(Hermann Lenz)

Das Feuer auf dem Acker oder im Herd hat etwas Sammelndes, Wärmendes, es führt zur Mitte. Die züngelnden Flammen werfen wechselnde und geheimnisvolle Schatten. »Warum verbannten wir dich aus Herd und Halle, warum grüßen und lieben wir dich nicht alle?« wußte Ellen H. Hooper bereits 1840 zu beklagen.

Wenn't Füer up'n Herd geit ut,
flüggt de Leew ut'en Schornsteen ruut.

(Sprichwort)

Feuer ist eins der vier Elemente und ist neben Luft, Wasser und Erde Voraussetzung des Kochens überhaupt.
Dieser Verlust wird offenbar wieder bewußt, er wird heute ausgeglichen am Lagerfeuer, Osterfeuer, Johannisfeuer, am Holzkohle-Grill im Freien. Und im Winter bescheiden wir uns mit der flackernden Flamme einer Kerze, in die wir uns vertiefen und von der Wandlung der Materie ergreifen lassen.
Nicht zu vergessen die Renaissance des Kaminfeuers – wie ein zarter Funke sich zur knisternden Feuersglut mit wechselvollen Bildern entfaltet, in die man lange schweigend wie in ein Gesicht hineinschaut. Feuer reinigt vom Zufälligen, vom Unwerten, das uns anhängt. Eine beruhigende und entspannende Pause vom Alltag.

»Der Ofen im Raum verbarg das Feuer,
Ich habe einen Gefährten verloren.
Im Feuer kann man immer ein Gesicht sehen.«

(Unbekannt)

Gewürzvielfalt

Das beste Gewürz ist der Humor, sagt ein Sprichwort. Giacchino Antonio Rossini (1792-1868) als Meister der italienischen Oper war auch Meister in der Kochkunst, die er ebenso beherrschte wie das Komponieren.
»Ich bin auf der Suche nach (musikalischen) Motiven, aber es kommen mir ständig nur Pasteten, Trüffel und ähnliche Dinge in den Sinn.«
Für ihn war der Magen der Dirigent, der das Orchester unserer Leidenschaften leitet und aktiviert. Der leere Magen als Fagott, das das Mißvergnügen brummend intoniert, oder die Pikkoloflöte, die das Verlangen hinausschreit; der volle Magen die Triangel des Vergnügens, die Kesselpauke die Freude. »Essen und Lieben, Singen und Verdauen, das sind im wahrsten Sinne des Wortes die vier Akte der opera buffa, die man gemeinhin das Leben nennt – und das vergeht wie der Schaum einer Champagnerflasche. Wer es dahinschwinden lässt, ohne es genossen zu haben, ist ein Erznarr.«
Die Hauptgeschmacksrichtung bestimmen die Gewürze, aber der Eigengeschmack der Speisen darf beim Würzen nicht überdeckt werden. Gewürze aromatisieren, regen den Appetit an und heben den Wohlgeschmack.

Dabei gilt die alte Würzregel: Nicht weniger als drei – nicht mehr als neun (Mischungen). Die ältesten Würzmittel sind Wein, Essig und Honig. Neben Lauch und Salz kamen in wohlhabenden Haushalten exotische Gewürze wie Pfeffer, Muskatnuß und Safran hinzu, danach waren es noch Nelken, Zimt und Mandeln.
In den Gärten sind Kräuter wie Petersilie, Salbei, Polei, Kümmel, Minze, Knobel, Anis, Sellerie, Senf, Zwiebel, Fenchel, Dill, Koriander, Meerrettich angebaut worden und bis heute in Haus- und Klosterkräutergärten zu finden.

Frische Kräuter als Würze sind gleichzeitig grüne Vitamine, dekorative und appetitliche Farbtupfer für jedes Essen, dem sie einen unverwechselbaren Geschmack verleihen. An Salz kann so gespart werden, denn Salzkonsum verringert den Geschmacksreiz. Dem Kochsalz ist unbedingt das natürliche Salinensalz oder das Meersalz vorzuziehen!
Gewürze verändern auch die Farbe des Gerichtes und dienen dazu, Vielfalt herzustellen.
Der anmutige Stil der Kochkunst verbindet mit der Nahrhaftigkeit den Reiz und die Zierde.

»Man
Nehme
12 Monate,
putze sie sauber von Neid,
Bitterkeit, Geiz, Pedanterie
und zerlege sie in 30 oder 31 Teile,
so daß der Vorrat für ein Jahr reicht.
Jeder Tag wird einzeln angerichtet
aus 1 Teil Arbeit und 2 Teilen Frohsinn
und Humor.
Man füge 3 gehäufte Esslöffel Optimismus hinzu,
1 Teelöffel Toleranz, 1 Körnchen Ironie
und 1 Prise Takt.
Dann wird die Masse
mit sehr viel Liebe übergossen.
Das fertige Gericht schmückt man
mit Sträußchen kleiner Aufmerksamkeiten
und serviere es täglich mit Heiterkeit.«

(Katharina Elisabeth Goethe, Mutter von Johann Wolfgang von Goethe)

Das einfache Mahl – Zurück zum verlorenen Urgeschmack

»Wir werden die Vereinfachung so weit wie möglich führen,
gleichzeitig aber Geschmack und Nährwert der Speisen erhöhen
und sie leichter und für den Magen verdaulicher machen.
Kurz gesagt: das Kochen wird, ohne seinen Charakter als eine Kunst zu verlieren,
zur Wissenschaft erhoben.«

(Guide Culinaire, 1903)

Geschmack ist kein Privileg. Fadheit und Unausgeglichenheit, auch äußere Einflüsse wie Streß und Hast können ihn beeinträchtigen. Letztlich sind es Erfahrung und das Fingerspitzengefühl für die natürliche Komposition, die über den Geschmack entscheiden.
Die kulinarische Kunst gehört zu den angenehmsten Freuden des Menschen, der des Genießens. Das Leben ist aber in Bewegung und der Mensch wird auch im Beruf so stark in Anspruch genommen, daß die Sinneslust zu kurz kommt. In beruflichen und gesellschaftlichen Turbulenzen wird die Beschäftigung an Herd und Tisch als belastend empfunden. Oft fehlt auch die Zeit. So »schiebt« man sich noch schnell im Vorübergehen etwas hinein, ohne Genuß und ohne Bewußtsein. Damit wird aber das Ritual der Zubereitung verschenkt. Denn Kochen ist weit mehr als Herstellung der Nahrung. Mit der Zurichtung der Speisen verbinden sich der Reiz und die Lust, diese auch entsprechend zu servieren und sie mit anderen in wohltuender Atmosphäre zu teilen, denn geteilte Freude verdoppelt sich. Essen ist eine Kombination aus Natur und Kultur.

»Geselliges Vergnügen,
munteres Gespräch
muß einem Festmahl die Würze geben.«

(Shakespeare)

Eine gute Küche ist das Fundament des geselligen Glücks. Die Lust aber am puren Geschmack spielt in den medialen Koch-Formaten heute keine Rolle mehr. Fernseh-Kochsendungen schießen wie Pilze aus dem Boden und damit auch die vermeintlichen Feinschmecker, die in 30 Minuten in einer Luxus-Küche etwas Lukullisches herstellen und das Produzierte vor die Kamera halten, kurz probieren: Und dann ist alles vorbei. Das genußvolle Speisen folgt nicht. Und alle, die nur diese Sendungen konsumieren, kochen meist selber nicht und werden auch nicht dazu angeregt.
Keiner wird zum Gourmet geboren sondern erzogen, um als Erwachsener an Aromen und Würzen Gefallen zu finden.

»Gott, was ist Glück!
Eine Grießsuppe, eine Schlafstelle
und keine körperlichen Schmerzen –
das ist schon viel!«

(Theodor Fontane)

Mit den folgenden Rezepten reduzieren wir die oft zu große Anzahl an Zutaten, die aber präzise ausgewählt sind und nicht dem Zufall überlassen wurden. Der gesundheitliche Aspekt und die Qualität des einfachen Mahles sollen uns den Urgeschmack, den wir vielleicht noch aus der Kindheit im Gedächtnis haben, zurückbringen. Beim Erinnern an die Vergangenheit kann es sogar ein einziges Gericht sein, das wir einfach nicht mehr so nachkochen können, wie es vielleicht unsere Großmutter servierte. Wir tragen immer eine Erinnerung aus diesen Zeiten mit uns herum und sehnen uns vielleicht auch nach einem bestimmten Duft oder Geschmack, der inzwischen verloren ging. Die »Ursuppe« bleibt ein Teil unserer Kindheit. Jeder hat seinen eigenen Urgeschmack. Und wenn wir in der Fremde sind, wissen wir, wie Heimat schmeckt. Die Rückkehr an den Tisch zu Hause läßt uns die große Welt vergessen. Und wenn wir selbst gekocht haben, sehen wir uns auf jedem Teller wieder.

Im Vordergrund unserer Rezeptsammlung steht das Regionale, das Naturbelassene, das sich von Luxus abgrenzt. »Wenn Du nach der Natur lebst, wirst Du niemals arm.« (Epikur) Unsere Empfehlungen enthalten daher eine Vielzahl von Beispielen, die ihren Ursprung in der Kloster- und Kräuter-Küche des Harzes haben. Rezepte aus den Notzeiten erweisen sich oft als die gesündesten und einfachsten.

»Dem Menschen ist die einfache Speise am gesündesten.«

(Cornelius Celsus)

Was ist nun ein einfaches Mahl? Es kommt das auf den Tisch, was im eigenen Lande wächst. Wir beachten, daß dem Wechsel der Jahreszeiten auf dem Tisch nicht durch Importe und Treibhauskulturen vorgegriffen wird; kein Streben nach immer neuen Koch-Trends und daß die Alltagsküche nicht mit dem Festtagsmenü verwechselt wird; sie soll uns in erster Linie täglich sättigen. Unkompliziert und vollkommen soll alles sein; das bedeutet wenige Zutaten, weil der Eigenwert der ausgewählten Produkte alle Kriterien eines positiven Essens wie Sättigung, Gesundheit, Bekömmlichkeit und Wohlgeschmack erfüllt. Die Vollkommenheit bewährt sich so gerade im Alltag.
Genuß und Geschmack beginnen bereits beim Einkaufen.
Bewußt einkaufen heißt: Frische aus erster Hand!

Lebensmittel aus der Region mit kurzen Wegen zum Hersteller oder Markt frisch und saisongerecht sind generell zu bevorzugen; dafür sollte man sich auch Zeit lassen.
Obst und Gemüse sind so gesund wie möglich schadstoffrei aus Hofläden, von Wochenmärkten und regionalen Erzeugern zu wählen, weil sie ausreichend Nährstoffe und Sonnenlicht zum Wachsen zur Verfügung haben, um natürlich gereift geerntet und gut gelagert werden zu können. Und das kann man schmecken!
Unreif geerntetes und nachgereiftes Obst als Importware zum Beispiel kann diesen Geschmack gar nicht aufbringen.
Einkaufen auf dem Bauernhof – dem Direktvermarkter – ist im Harz zunehmend möglich. Hofläden sind auch auf Wochenmärkten vertreten und haben oft ein komplettes Angebot von Brot, Fleisch, Kartoffeln, Gemüse, Eiern, Käse, Honig und von besonderen Produkten mit typisch regionalem Geschmack.
Die Grundnahrungsmittel waren und sind international immer gleich: Außer Fleisch und Fisch ist es vor allem das Getreide. Kräuter und Gemüse sind Beilagen.
Das Korn war Göttergabe, Brot der Träger des Lebens; das heilige Brot, das das Leben fördert.
Das Getreidekorn ist ein lebendiger Organismus, der in der Erde unter Einwirkung von Wasser und Wärme abstirbt, um neues Leben entstehen zu lassen, es widerspiegelt Werden und Vergehen durch Säen und Ernten.
Seit Jahrtausenden nimmt Getreide in unserer Ernährung eine Schlüsselstellung ein. Es besitzt gute Haltbarkeitseigenschaften und ist für die Vorratshaltung bestens geeignet. Aufgrund seiner Zusammensetzung ist es ein wertvolles Lebensmittel, das durch nichts anderes ersetzt werden kann!

»Wem genug zu wenig ist, dem ist nichts genug.«

(Epikur)

In diesem Zusammenhang mag die Frage nach dem ältesten Rezept aufkommen, aber das ist nicht definitiv überliefert. Da das erste Eßbare in der freien Natur gefunden worden ist, mag dies anstelle des ersten Rezeptes gelten: Gehe in den Wald, sammle Pilze, Beeren, Kräuter und Wurzeln und verzehre sie so, wie sie sind.

DER REZEPTTEIL

Zum Gebrauch des Rezeptteils

Die Koch- und Backrezepte sind nicht nur eine Auswahl dessen, was in der Harzregion üblich ist, sondern auch in welcher Art sie vor- und zubereitet werden und wie sie auf den Tisch kommen. Die Rezepte gehen auf eine lange Tradition zurück und widerspiegeln durch die ständigen Veränderungen auch den jeweiligen Zeitgeist. Sie sind somit nicht immer mit präzisen Mengenangaben oder der Personenzahl unterlegt. Die unterschiedliche Herkunft der Rezepte ist angegeben, manche sind auch unter einem anderen Namen bekannt.

Die Brauchbarkeit der Rezepte ist nicht auf den Harz beschränkt, denn in allen Landesteilen wird die Kochkunst ähnlich gehandhabt, vor allem dort, wo das Einfache und Natürliche, Derbe und Kräftige geliebt wird.

Die mit Abbildungen unterlegten Rezepte sind nachgekocht und auf ihren Gebrauchswert für die Alltagsküche überprüft und verkostet worden. Online-Datenbanken wurden nicht bemüht. Wem bei der Bereitung eines Gerichtes dieses oder jenes Gewürz fehlen sollte, kann es je nach Belieben hinzufügen.

Sinn und Zweck dieses Kapitels ist das Weitergeben authentischer Erfahrungen. Der Leser kann die einzelnen Rezepte einfach nachnutzen und mit dem, was der jeweilige Küchenvorrat bietet, selbst eigene Kompositionen kreativ entwickeln. Die Einteilung der Rezepte folgt Harzer Traditionen und der klassischen Speisefolge.

UNSER TÄGLICH BROT

Ein elementares Grundnahrungsmittel

»Man muß sein Brot mit gar nichts essen,
mit nichts als Licht und Luft bestreut.
Gefühle, die man ganz vergessen,
Geschmack und Duft der Kinderzeit
sie sind im trocknen Brot beschlossen,
wenn man es unterm Himmel ißt.
Doch wird die Weisheit nur genossen,
wenn man den Hunger nicht vergißt.«

(Eva Strittmatter)

Das wichtigste Erzeugnis eines Bäckers ist bis heute immer noch das Brot, neben Brötchen und Kuchen. Brot ist das Bindeglied, das vermittelnde Prinzip einer Mahlzeit.»Brotbrechen« und Brotbacken waren ein Gemeinschaftserlebnis. Brot und Salz durften auch in einem ärmlichen Haushalt nicht fehlen – eine Metapher für das Lebensnotwendige, für alles, was nottut für Leib und Leben.

Salz und Brot macht Wangen rot.

(Sprichwort)

In vielen Kulturkreisen sind Brot und Salz ein symbolisches Geschenk bei besonderen Anlässen wie die Eheschließung oder der Einzug in eine neue Wohnung. Salz war ursprünglich etwas sehr Wertvolles, weil die Beschaffung mühevoll war. In Zeiten von Naturkatastrophen, Mißernten und Kriegen wurden Brot und Salz zu Geschenken des Himmels.

Ach wie fade wär' unser Leben,
würd' es das Salz in der Suppe nicht geben.
(Sprichwort)

Salzquellen gab es früh schon in Salzgitter und Bad Harzburg. Salz war das wichtigste Konservierungsmittel und erlaubte eine Vorratshaltung. Ein Essen ohne Salz ist kaum vorstellbar. Selbst Süßspeisen und Kuchen werden durch eine Prise Salz schmackhafter.

»Mütt blauß Sold ran
1925 wer ick bi min Onkel Andreas in Rätzlingen,
de wer Möllermeister. Jeden Morgen wollte Onkel seine Roggenmehl-Zuppe,
wie hei seggt, blauß mit Sold aweschmeckt.
Det erstemol mok ick Zucker ran, an de Zuppe.
Onkel seggt: ›Deern, dat heste nich richtig kokt, mütt blauß Sold ran
Und denn et ick ein Stücke Brot mit Bodder datau.‹
Dat wer sein Freustück.
Wie hett ok mal middegetten, un et schmeckt gaut.«
(Irene Pfeiffer, Hörsingen)

Körnerfrüchte sind kleine Fitmacher mit gesundem Innenleben. Sie schmecken in jeder zubereiteten Form. Einfache Mahlzeiten wie früher das Habermus gibt es auch heute noch. Haferzubereitungen aus Haferfrüchten sind ein Stärkungsmittel. Sie enthalten Vitamine der B-Gruppe, Mineralstoffe und Spurenelemente und reichlich Ballaststoffe, die den Blutzucker- und Cholesterinspiegel günstig beeinflussen. Bis in das 18. Jahrhundert war das Hafergetreide das am meisten verzehrte Nahrungsmittel, vorwiegend als Hafergrütze.
Wenn jemanden der Hafer sticht, dann wird er übermütig vor Kraft und Freude, und wenn jemand am Morgen den Tag mit Haferbrei beginnt, kann er spüren, wie er sich mit Energie auflädt.

Rohe Getreideflocken, am besten selbst in einer Flockenmühle hergestellt, verleihen den Speisen »Biß« und ein unverwechselbares Aroma, weil sie unerhitzt besonders wertvoll sind. Sie eignen sich vorzüglich für das morgendliche Frühstück.

Hafer britisch – Porridge

Haferflocken
Milch
Äpfel, Bananen, Nüsse,
Honig & Schokolade

Porridge ist ein warmer Haferbrei, der in Großbritannien zum Frühstück gehört und der wie das Müsli mit unendlich vielen Zutaten kombiniert werden kann. **Zubereitung:** Die Flocken werden in Milch aufgekocht und je nach Geschmacksrichtung mit Äpfeln, Bananen, Nüssen, Honig und Schokolade verfeinert.

Frischkorn-Müsli

Haferflocken
Obst, Nüsse, Joghurt, Kefir
Zimt oder Vanille

Zubereitung: Haferflocken einige Stunden in Wasser einweichen lassen, mit Obst, Nüssen und Milchprodukten (Joghurt, Kefir) geschmacklich anreichern und mit Zimt oder Vanille würzen – ein sättigender vollwertiger Genuß.

Munke (Injeplocktes) – Eine Kindheitserinnerung

Weißbrot, Brot oder Brötchen,
Milch
Zucker
Butterflöckchen oder Obst

Zubereitung: Weißbrot, Brot oder Brötchen werden zu Stücken zerkleinert, in einer Schüssel mit Zucker bestreut und mit soviel Milch (warm oder kalt) begossen, wie das Brot aufnimmt. Man setzt Butterflöckchen drauf oder reicht Obstkompott dazu.
Besonders Kinder haben Munke gern zum Frühstück gegessen.

Dinkel-Fastenbrühe aus der Klosterküche

Je 1 Tasse Dinkelkörner,
Gewürfelte Karotten, Fenchelgemüse,
Sellerie, Bohnen, Petersilienwurzel,
Kräuter (Petersilie, Liebstöckel, Kerbel, Quendel oder Thymian, Galgant)

Zubereitung: Die Dinkelkörner werden in 3 Tassen Wasser zusammen mit je einer Tasse gewürfelten Karotten, Fenchelgemüse, Sellerie, Bohnen, Petersilienwurzeln gekocht. Nach 20-30 Minuten, wenn die Körner weich sind, wird die Brühe abgeseiht, mit Kräutern wie Petersilie, Liebstöckel und Kerbel versehen und mit Quendel oder Thymian und Galgant gewürzt.

Harzer Schiebensupp (Köhlersuppe)

Waldarbeiter wie Köhler und Holzfäller waren in Armutszeiten schon glücklich, wenn sie sich Brot und Salz in Wasser einbrocken konnten.
Über Schwarzbrotscheiben, etwas Salz und Rindertalg wurde kochend Wasser gegossen und alles zu einer homogenen Masse verrührt. Je nach Jahreszeit ist diese Suppe mit Rauchfleisch oder Wurstscheiben versetzt worden.

Schwarzbrotscheiben
Salz
Rindertalg
Rauchfleisch oder Wurstscheiben

Brotsuppe nach Kneipp

Zubereitung: Das Schwarzbrot in feine Scheiben schneiden und in der Butter rösten, mit Wasser aufgießen und ¼ davon einkochen lassen; alles durch ein Sieb passieren, 1 Messerspitze Salz hinzugeben, den Grieß vorsichtig unter Rühren einrieseln lassen, aufkochen lassen und mit dem Ei binden.
Diese Suppe läßt sich beliebig variieren, so mit Rosinen, Äpfeln, Zimt und Zitronenschale.

100 g Schwarzbrot
30 g Butter
1 Liter Wasser
40 g Grieß
1 Ei
Salz
Rosinen, Äpfel, Zimt, Zitronenschale

Schrotauflauf

Zubereitung: Den Weizen oder Dinkel, grob geschrotet, mit der Gemüsebrühe aufkochen, bei schwacher Hitze etwa 15 Minuten quellen lassen, bis die Flüssigkeit aufgesogen ist. Das Eigelb, Kräuter, die feingehackteZwiebel und, wenn beliebt, die geschnittenen Pilze zur Getreidemasse geben und das steif geschlagene Eiweiß unter die Masse heben.
In einer gefetteten Auflaufform bei 180 °C etwa 45 Minuten backen.
Dazu paßt Gemüse, ein Salat oder eine Sauce.

350 g Weizen oder Dinkel
700 ml Gemüsebrühe
4 Eier
1 Zwiebel
100 g geschnittene Pilze
Kräuter

Arme Ritter – Schlicht, aber gut!

Zubereitung: Aus Mehl, Eiern, der Milch und Salz einen Pfannkuchenteig herstellen. Die Brötchen in Scheiben schneiden, in die Milch legen und dann in den Pfannkuchenteig eintauchen.
Die Armen Ritter in einer Pfanne in Butter backen, mit Zimt und Zucker bestreuen oder Kompott dazu reichen.

200 g Mehl
2 Eier
½ Liter Milch
Salz für den Pfannkuchenteig
6 Brötchen
Zimt, Zucker, Prise Salz

Grünkernbratlinge

Grünkern ist in Milchreife geernteter Dinkel.
Zubereitung: Den Grünkern geschrotet in der Gemüsebrühe mit Lorbeerblatt und Majoran aufkochen und 15 Minuten bei schwacher Hitze quellen lassen. Die Zwiebel und den Lauch würfeln, in Butter glasig dünsten und der Getreidemasse hinzufügen. Die Hefeflocken, die ganzen Eier und eventuell noch Semmelbrösel unterkneten, mit Pfeffer abschmecken. Aus der Masse Frikadellen formen und in Öl oder Butter auf beiden Seiten goldbraun braten oder bei 200 °C 20 Minuten im Ofen backen.
Dazu paßt Kräuterquark.

250 g Grünkern
½ Liter Gemüsebrühe
1 Zwiebel
100 g Lauch
2 EL Hefeflocken
2 Eier
Semmelbrösel
Butter
Pfeffer
Lorbeerblatt, Majoran

Brot backen

Weit vor unserem Herd-Backofen gab es abseits des Bauernhauses das Backhaus, ein separates kleines Steinhaus mit einem Bruchsteingewölbe. In dessen Höhlung war für mehrere Stunden ein kräftiges Feuer zu unterhalten, bis die Steine glühten. Dann wurden Feuer und Asche entfernt und die Brotlaibe hineingeschoben. Wenn sie durchgebacken waren, konnte der Ofen für kleinere Gebäcke noch ein- bis zweimal benutzt werden. Auf den Dörfern in kirchlichem Besitz hatte jeder Hof seinen Backofen.

Heute gibt es auf dem Komturhof in Darlingerode, Ortsteil von Ilsenburg, so einen Ofen wieder. Und es wird auch gebacken wie früher.
Der Ofen ist 1996 aus Naturstein und Lehm errichtet worden und wird mit Bruchholz beheizt. Einmal im Monat ist Backtag. Einen oder zwei Tage vor dem eigentlichen Backen wird der Ofen vorgeheizt. Faszinierend der Blick in die Glut; das Erlebnis des Feuers schürt bereits die Vorfreude auf den Backprozeß. Die Knetmaschine (Baujahr 1899) war noch bis Ende der 1980er Jahre in der Bäckerei Simon im Einsatz. Das Mehl und andere Zutaten sind aus der Region und enthalten keine Konservierungsstoffe. Gebacken wird mit vierstufigem Sauerteig. Zum Backteam gehören der gestandene Bäckermeister Dieter Möbius, der 2016 seinen Diamantenen Meisterbrief erhielt, und Vereinsmitglieder, die Freude am Backen nach alten Rezepten haben. Wie früher ist im Komturhof Brotbacken ein Gemeinschaftserlebnis, das als Tradition wiederaufgelebt ist. Eine andere für den Harz typische Tradition ist das Stockbrotbacken, das bei jedem Fest auf dem Hohnehof bei Drei Annen Hohne nicht fehlen darf. Ein geräumiger Feuerkorb bietet vielen Hobbybäckern Platz für ihre Kreationen. Der Duft von selbstgebackenem Brot ist unwiderstehlich!
Das Grundrezept ist immer gleich:

Mehl
Hefe oder Sauerteig
Wasser
Salz
Wärme und Zeit!

Zubereitung: Weißbrot wird in der Regel mit Hefe gebacken, Kuchen- und Quarkbrötchen mit Backpulver, Roggen-, Misch- und Dinkelbrot mit Sauerteig, dessen Herstellung sehr aufwendig ist, weil er ständig vermehrt werden muß. Dazu wird Roggenmehl mit sehr warmem Wasser verrührt, 1-2 Tage an einem warmen Ort stehen gelassen, bis der Gärungsprozeß beginnt, die Masse riecht dann säuerlich. Dieser Ansatz wird noch zwei weitere Male mit Roggenmehl vermischt und immer wieder mehrere Tage stehen gelassen, bis er zwar säuerlich, aber nicht nach Essig riecht.
Dann kann der Sauerteig verarbeitet werden. Ein Teil wird für den weiteren Ansatz zurückbehalten.
Sauerteig ist in Reformhäusern und Supermärkten mit Gebrauchsanleitung fertig zu haben.

»Im Brot wohnen Licht und Zeit, Mehl, Wasser, Wärme, Luft und Hände und der Keim der unbegrenzten Gärung. Durch Hitze für das Leben gereicht mit der Sicherheit des Notwendigen. Kneten, als sollte das Schweigen aufgeschlossen werden – eine Zeit, wo Dehnungen und Verkürzungen sichtbar werden und Momente aufkeimender Erinnerung, weil sich das Gedächtnis an der Geschwindigkeit des Vergessens messen muß.«

(Unbekannt)

Vom Korn zum Brot

Die ersten Getreidemühlen waren Wassermühlen, die bereits vor der Zeitrechnung den Römern bekannt waren und die die Wassermühlentechnik nach Deutschland brachten. Im Mittelalter waren sie auch im Harz verbreitet. An allen Flußläufen gab es zahlreiche Getreidemühlen, davon haben sich bis heute nur zwei in Meisdorf und Thale erhalten, die das Getreide aus der Region in alter Familientradition zu Mehl vermahlen. Das Harzer Korn zählt außerdem zu den besten Getreidequalitäten der Bundesrepublik.

Mit Wasser und Brot kommt man durch alle Not.

(Sprichwort)

Selbstgebackene Brötchen mit Mehl aus der Harzer Mühle

Zubereitung: Grieß, Mehl und Backpulver trocken verrühren. In die Mitte eine Mulde drücken und die in Milch gelöste Hefe hineinbringen. Die restlichen Zutaten mit dem Rührwerk 5 Minuten vermengen.
Den Teig an einem warmen Ort 30-45 Minuten ruhen lassen. Danach den Teig mit der Hand kräftig kneten, in drei Stränge schneiden und ungefähr 4 cm breite Scheiben schneiden. Scheiben in Form bringen, in Grieß wälzen und 10 Minuten gehen lassen. Auf einem Backblech 20 Minuten backen.
Diese Masse ergibt ungefähr 15-18 kleine Brötchen.
Rezept von Matthias Appelt aus Quedlinburg

Backmischung 500 g
(100 g Grieß,
200 g Weizenmehl,
200 g Dinkelmehl)
1 Päckchen Backpulver
1 Würfel Hefe (42 g)
80 g Butter
375 g 40%igen Quark
2 Eier
Eine Prise Salz
2 EL lauwarme Milch

Salz
250
200
150
125

HOPFEN UND MALZ
Gott erhalt's

Essen und Trinken hält Leib
und Seele zusammen.
(Sprichwort)

Bier war im Harz als Volksgetränk unverzichtbar, weil es das einzige Getränk war, das das ganze Jahr über relativ steril hergestellt werden konnte.
Im Mittelalter wurde das Bier aus sehr unterschiedlichen Zutaten gebraut. Erst im 15. Jahrhundert wurden die Kräuterbiere zunehmend vom Hopfenbier verdrängt. Die Metapher vom Bier als »flüssiges Brot« hatte einen ernsthaften historischen Hintergrund: Damals galt Bier als geeignetes Getränk für Kinder. Es hatte einen geringeren Alkoholgehalt und war durch den Kochprozeß keimfrei, was vom damaligen Trinkwasser nicht behauptet werden konnte. In Zeiten von Mißernten war es wegen seines Kaloriengehalts eine wichtige Ergänzung zur knappen Nahrung. Minderwertiges Getreide mußte nicht weggeworfen werden, sondern wurde durch das Bierbrauen halbwegs genießbar.
Seit dem Mittelalter wird aus Hopfen und Malz im Harz Bier gebraut, wenn auch der Fermentierprozeß nicht immer gelang. Die ersten Brauhäuser gab es im 12. Jahrhundert, hervorgegangen aus den Brauereien der Klöster.
Bereits seit dem 14. Jahrhundert ist das Einbecker Bier bekannt.
In Goslar wurde aus Weizen-Malz das obergärige Gose-Bier hergestellt, benannt nach der durch Goslar fließenden Gose mit besonders gutem und kalkarmem Wasser. Auch dieses Bier war nicht lange haltbar. Es hatte stark abführende Wirkung und wurde auch medizinisch genutzt und »Puparschknall« genannt.

»Es ist zwar ein sehr gutes Bier,
die Goslarsche Gose,
doch wenn man meynt, sie sey im Bauch,
so liegt sie in der Hose.«
(Unbekannt)

Aber das Gose-Bier war auch ein Getränk der Könige: So wurde es Otto dem III. (980-1002) bei seinen Besuchen im freiweltlichen Frauenstift zu Quedlinburg von seiner Schwester Adelheid serviert.
Im Oberharz wurde ein zweiter und damit minderwertiger Aufguß benutzt, um den Verkaufserlös bestimmten Zwecken zuzuführen. So gab es ein »Glockenbier« oder auch ein »Pflasterbier« zur Erneuerung des Straßenpflasters.

Backen und Brauen gelingt nicht immer!

(Sprichwort)

Schlechte oder sauer gewordene Gebräue versuchte man durch merkwürdige Zusätze noch zu retten. Man war immer auf der Suche nach haltbareren und geschmackvolleren Bieren, so daß es später in der Region Harz so viele Biersorten gab wie kaum in einer anderen Landschaft.
An einigen Orten war auch das Kesselbrauen zum häuslichen Gebrauch erlaubt, wenn kein Brauhaus vorhanden war oder Städte weit entfernt lagen.
Dieses Bier war aber kein sicheres Lebensmittel, da Wasser oft verunreinigt war.

Im April 1516 wurde das Reinheitsgebot für Bier beschlossen. Es ist die älteste Lebensmittelverordnung der Welt. Sie sollte Biertrinker vor gesundheitlichen Gefahren schützen. Davor zuweilen verwendete Zutaten wie Ruß für Dunkelbier oder Stechapfel und Fliegenpilz waren fortan untersagt. Seither ist deutsches Bier auf vier Zutaten begrenzt: Wasser, Malz, Hopfen und Hefe.
Derzeit sind übrigens die Tschechen Weltrekordhalter im Bierkonsum.
Das Zunftzeichen der Brauer ist der Sechsstern oder das Hexagramm, ein Symbol für die beim Bierbrauen erforderlichen Elemente Feuer, Erde, Luft, Wasser, Hopfen und Malz.
Auf alten Abbildungen findet man das Hexagramm über dem Braukessel angebracht.

»In Bierlaune
kommt man auf Schnapsideen.«

(Rupert Schützbach)

Heute können Biere industriell in wenigen Tagen hergestellt werden, aber durch Eile leiden Qualität und Geschmack. Ein Bier aber soll schmecken. Darum wird die Gose – das Harzer Urbier – in Goslars Gasthausbrauerei heute immer noch selbst produziert und mit einer feinen Note von Salz und Koriander veredelt.

In einem Stadtteil Wernigerodes, in Hasserode, gründete im Jahr 1872 ein gewisser Robert Hoppe die Brauerei »Auerhahn« nebst Biersalon. 1920 entsteht daraus die Hasseröder Brauerei AG. 1997 wird von der Hasseröder Brauerei in Wernigerode eine der modernsten Produktionsstätten in Europa errichtet.

Auch in der Altenauer Brauerei werden gute Biere mit Kompetenz und aus Tradition gebraut. Statt mit Hopfenextrakt wird mit echtem Hopfen gearbeitet. Der Hopfen ist mehr als die Summe seiner Bestandteile, seine Inhaltsstoffe beeinflussen sich gegenseitig und bestimmen in ihrer Gesamtheit den eigentlichen Wert des Naturproduktes. Gebraut wird mit Harzer Quellwasser und dem besonderen Pilsner Malz von den eigenen Feldern des Klostergutes Wöltingerode.

Einmalig in Europa ist die Museums- und Traditionsbrauerei Wippra bei Sangerhausen. Das ist so, weil die noch komplett erhaltene und in Mitteldeutschland einmalige Transmissionsanlage alle Rührwerke und die alte Schrotmühle antreibt wie vor 100 Jahren. Im 500 Jahre alten Eiskeller reifen und lagern die Jahrgangsbiere.

Der einzige Nachteil von Bier ist:
Man kann es nicht mit Käse überbacken.

(Sprichwort)

SUPPEN UND ZUSAMMENGEKOCHTES

Alles aus einem Topf

Heinrich Abel is kompabel (fähig),
ißt de Zuppe mit'r Gabel.
(Sprichwort aus Wasserleben)

Deutschland ist ein Suppenland. So wie der Braten der Vater, so ist die Suppe die Mutter aller zubereiteten Speisen, weil die Suppe eine der ältesten Zubereitungen überhaupt ist, seit unsere Vorfahren das Feuer kannten.
Suppen machen glücklich, durch die harmonische Verbindung von Gewürzen und Zutaten sind sie Flüssignahrung und Heilmittel. Eine Kraftbrühe ist Krankenkost. Die Handschrift eines Koches ist die Suppe; ein Sternkoch kann aus einfachen Zutaten eine anspruchsvolle Suppe zaubern.
Suppe ist ein Urelement der Küche und wurde als Bouillon auch die Ursuppe des Restaurants.
Jedes Land hat seine spezielle Suppe: Italien die Minestrone, die Ukraine Soljanka und Frankreich die Bouillabaisse. Und der Harz hat seine Hexensuppe und Hochzeitssuppe.
Bei den Gourmets ist die Suppe die kulinarische Ouvertüre, die Vorsuppe als Vorspeise: eine Brühe mit Einlagen. Suppe ist ein Essen für viele. Bei jedem Aufkochen wandelt sie sich – sie schmeckt immer besser. Nichts läßt sich schneller aufwerten als eine Suppe. Als Eintopfgericht ersetzt die Suppe eine vollständige Mahlzeit. Die als erster Gang des familiären Sonntagsmenüs etwas ins Abseits geratene Suppe erlebt derzeit eine Renaissance. Eine Suppe ist ein Meisterwerk kulinarischer Sparsamkeit. Man kann aus allem Suppe machen und dabei gut Reste verwerten, die heute oft so leichtsinnig weggeworfen werden. In Deutschland werden schätzungsweise 15 Millionen Tonnen Lebensmittel und 5000 000 Tonnen Brot jährlich weggeworfen! Im Gegensatz dazu sterben täglich ungefähr 25 000 Menschen an Hunger!

»Wer heute seine Suppe nicht ißt, wird sie morgen wieder auf dem Teller haben.«
(Marion Gitzel)

Harzer Fuhrmannssuppe

400 g Rindfleisch
1 TL Salz
1 Bund Suppengemüse
4 Kartoffeln
10 g Suppennudeln
½ Bund Petersilie

Zubereitung: Das gewaschene Fleisch in 2 Liter Salzwasser etwa 1 Stunde kochen. Inzwischen das Gemüse putzen, waschen, klein schneiden und mit dem Gemüse nach der Garzeit zum Fleisch geben, noch 20 Minuten garen lassen, dann die Nudeln hinzufügen und mitgaren.

Vor dem Servieren das Fleisch in Stücke schneiden und mit der gehackten Petersilie würzen und garnieren.

Harzer Köhlersuppe mit Wildbret und Kohl

500 g Wildrippenfleisch
2 Zwiebeln
30 g Schweineschmalz
2 mittelgroße gehäutete Tomaten
½ Kopf Weißkohl
4 Kartoffeln
Waldpilze
Preiselbeeren
4 Möhren
1 Scheibe Knollensellerie
2 Knoblauchzehen
2 Lorbeerblätter
5 Wacholderbeeren
Pfeffer und Salz

Der Köhlerberuf war seinerzeit ein armer Berufsstand. Die Köhler lebten in der Nachbarschaft ihrer Meiler in selbstgebauten Köten mit nur einem einzigen Raum. Heute trifft man oft nur noch Nachbauten, aber in Stemberg bei Hasselfelde mitten im Harz arbeitet noch ein Köhler bei seinem Meiler nicht nur für den Holzkohle-Markt, sondern auch für Touristen. Der Meilerbau und die Ernte der Kohle ist eine Handwerkskunst, die an diesem Ort erlebbar ist. Früher war die Köhlersuppe Ausdruck des kargen Lebens der Köhler. Heute ist sie nur noch Gegenstand der Traditionspflege, aber in anspruchsvoller Variante. Sie könnte auch Jägersuppe heißen, weil sie eine Wildbrühe ist.

Zubereitung: Das Fleisch in Fett anrösten, Möhre und Sellerie (gewürfelt) und 1 Zwiebel hinzugeben und anschwitzen, mit heißem Wasser ablöschen und Wasser ergänzen, bis die Zutaten bedeckt sind. Lorbeerblätter, Wacholderbeeren und Salz hinzugeben und aufkochen, den Schaum abschöpfen und die Brühe mindestens 2 Stunden kochen lassen.

In einem Topf das Gemüse und die Kartoffeln mit dem Knoblauch in dem Schmalz anschwitzen, mit der durch ein Sieb gegossenen Brühe auffüllen und solange kochen lassen, bis das Gemüse gar ist.

Das Fleisch von den Knochen lösen, würfeln und am Ende der Kochzeit in die Suppe geben und heiß werden lassen. Mit Salz und Pfeffer abschmecken. Zuletzt die Waldpilze und die Preiselbeeren zugeben und in einer Terrine servieren.

Fliederbeersuppe – Ein Hausmittel

Holunderbeerendolden
In Scheiben geschnittene geschälte Äpfel
Für die Grießklößchen:
¼ Liter kalte Milch
3 EL Dinkelgrieß
1 Eigelb
Butter
Zucker
Salz

Fliederbeeren – die alte Bezeichnung für Holunderbeeren – sind nur gekocht genießbar! Bewährt hat sich immer im Winter ein heißer Fliederbeersaft bei Erkältungen. Vorbeugende Wirkung hat eine heiße Fliederbeersuppe – ein traditionelles Gericht.
Zubereitung: Die geernteten Beerendolden waschen, mit Hilfe einer Gabel nur die reifen dunklen in einen Topf abstreifen, mit Wasser soweit auffüllen, daß die Früchte gerade bedeckt sind, brodelnd aufkochen lassen, zurückschalten und etwa 10 Minuten weiter köcheln lassen, bis die Beeren geplatzt sind. Über ein Sieb den Saft ablaufen lassen und die Beeren ausdrücken.
In Scheiben geschnittene geschälte Äpfel geben der Suppe eine leicht säuerliche Note. Nach Geschmack mit Zucker süßen und alles nochmals aufkochen lassen, damit die Apfelstücken bißfest bleiben.
Die Grießklößchen separat zubereiten. Die Mich mit dem Grieß, etwas Salz und Zucker unter Rühren aufkochen, bis der Grieß Blasen wirft. Abkühlen lassen, das Eigelb untermischen und – wenn beliebt – noch einen Klecks Butter zugeben. Klößchen abstechen und in der heißen Suppe langsam garen lassen.

Löwenzahnsuppe – Bitter im Mund macht Magen gesund

5 Schalotten
150 g junge Löwenzahnblätter
750 ml Gemüsebrühe
250 ml Sahne
2 Eigelb
4 EL Butter
Salz, Pfeffer

Löwenzahn enthält viele Bitterstoffe, die die Leber anregen und damit die Verdauung fördern, eine gesunde Mahlzeit!
Zubereitung: Die Schalotten schälen und fein hacken, die jungen Löwenzahnblätter waschen und in feine Streifen schneiden; Butter in einem Topf erhitzen und die Schalotten darin etwa 3 Minuten andünsten, die Hälfte der Löwenzahnblätter hinzugeben und mit schmoren. Nach 5 Minuten die Gemüsebrühe und danach die Sahne zugeben und einkochen lassen.
Den restlichen Löwenzahn in die Suppe geben und alles pürieren. Mit den verquirlten Eigelb die Suppe binden, mit Salz und Pfeffer abschmecken.
Dazu paßt frisches Dinkelbrot.

Heiße Eintöpfe – Ein-Topf-Gerichte

Alles ist erlaubt, was in den Pott kommt – ein vorzügliches Reste-Essen. Es läßt sich gut vorbereiten, lagern, einfrieren und wieder aufwärmen. So gewinnen diese Gerichte sogar noch an Geschmack.
Heiß gelöffelt sind sie in der kalten Jahreszeit wahres Winterglück, sie wärmen Körper und Seele und verhelfen zu neuer Energie. Dicke, deftige Suppen sind komplette Mahlzeiten.
Aber auch in den wärmeren Jahreszeiten munden sie heiß, so der Harzer Hexentopf.

Harzer Hexentopf – Eine deftige Spezialität

500 g mageres Rindfleisch
60 g Schweineschmalz
2 Zwiebeln
200 ml Rotwein
300 g Spitz- oder Weißkohl
Je 200 g Knollensellerie und Möhren
1 Lauchstange
Etwa 250 g Kartoffeln
1 Liter Gemüse- oder Fleischbrühe
2 Lorbeerblätter
5 Wacholderbeeren
2 Knoblauchzehen
Meersalz, Pfeffer
Gehackte Petersilie

Zubereitung: Das Fleisch, in kleine Stücke geschnitten, im Topf mit heißem Schmalz anbraten, dann die Zwiebeln und Knoblauchzehen zugeben, goldgelb mit dem Rotwein ablöschen. Das geputzte und kleingeschnittene Gemüse, die gewürfelten Kartoffeln und die Gewürze hinzufügen und mit Brühe auffüllen. Das Gericht vor dem Servieren mit gehackter Petersilie versehen.

Runx Munx – Ein Gemüse-Fleisch-Topf für 8 Personen

3-4 Zwiebeln
2 Stangen Lauch
50 g Butter
2 Liter Fleischbrühe
800 g Weißkohl
1 Steckrübe, 3 Möhren
1500 g Ochsenschwanz oder Rindersuppenfleisch mit Knochen
400 g geräucherter Bauchspeck
8 Schmorwürste oder Mettenden
2 Knoblauchzehen, 2 Kartoffeln
5-6 Wacholderbeeren
Salz und Pfeffer

Das ist ein sehr beliebtes und traditionelles Gericht aus dem Harz für die Herbstzeit, das Bergleute aus dem Erzgebirge vor etwa 400 Jahren mitbrachten. Es ist ein Pfannen- oder auch Topfgericht mit Kraut und Rüben (runx, von Runkelrübe), als Zusammengekochtes (munx, d. h. alles durcheinander) mit Schweinefleisch oder Ochsenschwanz und der traditionellen Schmorwurst.
Zubereitung: Das gesamte Gemüse waschen, schälen, schneiden und andünsten, mit der Brühe auffüllen. Fleisch und den gewürfelten Bauchspeck zugeben und über dem Feuer eineinhalb Stunden zugedeckt köcheln lassen bei mittlerer Hitze, in den letzten 30 Minuten die Wurst mitköcheln lassen.
Runx Munx ist sehr gehaltvoll, sättigend, hocharomatisch und eine Hauptmahlzeit für eine größere Familienrunde.

Harzer Hexenpilzsuppe – Keine Hexerei!

500 g Wildfleisch, 2 Tage lang in gewürztem Rotwein mariniert
1500 g Wild-Knochen
Schweinekochen und -schwarten
100 g geräucherter Bauchspeck
2 Möhren und 2 Stangen Sellerie
3 mittelgroße Zwiebeln
Mehl
Lorbeerblatt
4 Wacholderbeeren
Tomatenmark
Schmand
Petersilie, Wildgewürz, Salz, Pfeffer
250 g Schusterpilze

Der Harz verdankt seinen Pilzreichtum den unterschiedlichen Gesteinsarten. Jeder Pilz hat seine Ansprüche an den Boden, auf dem er wachsen kann. Die meisten Pilze leben mit verschiedenen Baumarten in Symbiose. Manche haben einen ungenießbaren Doppelgänger. Pilzgerichte sind also nur dem Kenner zu empfehlen. Besonders artenreich ist der Hakel bei Heteborn, ein Höhenzug des nordöstlichen Harzvorlandes im Landkreis Harz mit über 600 verschiedenen Ständerpilzen. Alte Muschelkalkbrüche können erstaunlichen Pilzreichtum hervorbringen.
Bereits zum Sommerbeginn ist der Hexenröhrling, von Harzern auch Schusterpilz genannt, zu finden. In drei verschiedenen Stielformen kommt er vor, von zweien ist abzuraten, so daß nur der flockenstielige für den Verzehr in Frage kommt. Er bringt viel Pilzmasse, hat wenig Fraßstellen und färbt sich an den Schnittflächen kräftig blau, was in der Pfanne wieder verschwindet.
Die Hexenpilzsuppe, von Mitgliedern der Harzer Köche-Vereinigung für

unseren Geschmack weiterentwickelt, wurde 1980 auf dem Kanzlerfest von Helmut Schmidt in Bonn für die Gäste gekocht!

Zubereitung: Das gewürfelte Fleisch marinieren mit Rotwein, Wildgewürz (Salz, weißer Pfeffer, Wacholderbeeren, Nelken, Koriander, Majoran, Piment), abgedeckt kühl aufbewahren.

Speckschwarten und Knochen zerkleinern, Zwiebeln und Gemüse grob würfeln. Schwarten und abgetropfte Knochenstücke unter häufigem Wenden rösten; das Gemüse, Lorbeerblatt und Wacholderbeeren zufügen, bis Knochen und Schwarten mittelbraun sind. Dann 3 Eßlöffel Tomatenmark hinzugeben und mit einem kräftigen Schuß Rotwein ablöschen und einkochen lassen.

Das Mehl darüberstäuben und mitrösten.

Dann mit Brühe oder Wasser auffüllen, wie man Suppe haben möchte, aufkochen lassen, Schaum abschöpfen und bei kleiner Flamme 4 Stunden köcheln lassen. Danach durch ein feines Sieb abgießen, beiseite stellen.

Das marinierte Fleisch abtrocknen, im Topf mit heißem Fett rundum anbraten und mit etwas Beize ablöschen, mit der beiseite gestellten Suppe auffüllen und das Fleisch gar kochen.

Die geputzten und grob zerschnittenen Pilze in kochendem Wasser blanchieren, abgießen und mit kaltem Wasser abspülen, mit gewürfeltem Räucherspeck und gewürfelter Zwiebel dünsten, in die fast fertige Suppe geben und 5 Minuten mitkochen lassen.

Vor dem Servieren mit Petersilie bestreuen und mit etwas Schmand die Suppe verfeinern. Dieser Aufwand ist wahrlich keine Hexerei!

Harzer Hochzeitssuppe – Die Suppe des Lebens

Sie soll und muß von den Brautleuten im Gleichtakt ausgelöffelt werden. Sie gilt als Zeichen der Traditionsverbundenheit, regionalen Verwurzelung und hat hohen Symbolwert, denn von nun an wird alles gemeinsam bewältigt. Wer von dem Paar zuerst den Löffel in die Suppe taucht, entscheidet, wer in Zukunft das Sagen hat.

Zubereitung: Zunächst das Suppenhuhn und das Gemüse (als Ganzes verwenden) auf mittlerer Flamme gar köcheln, danach Eiweiß abschöpfen, Gemüse und Huhn entnehmen und ggf. den Fond mit Wasser auffüllen und mit gekörnter Brühe abschmecken. Das Gemüse und auch die Spargel klein schneiden und in der Brühe weiter köcheln lassen.
Aus dem Hackus mit eingeweichten Brötchen und 2 Eiern sowie mit Salz und Pfeffer kleine Klößchen formen und separat garkochen, bevor sie in die Brühe gegeben werden.
Aus den verbliebenen Eiern wird mit der Milch, Salz, Pfeffer und Muskat eine Mischung hergestellt, die in eine Plastiktüte gefüllt, in einem heißen Wasserbad zu stocken beginnt. Die gestockte Masse wird nach dem Abkühlen in kleine Würfel geschnitten und der Suppe als Eierstich beigegeben.
Die Nudeln werden ebenfalls separat gekocht und erst kurz vor dem Servieren hinzugefügt. Vor dem Servieren gehackte Petersilie aufstreuen.
Statt der Nudeln kann mehr Gemüse die Suppe bereichern (Möhren, Blumenkohl, Brokkoli, Petersilienwurzel). Wer viel suppt, lebt länger, sagt ein Harzer Sprichwort.

1 Suppenhuhn
oder 2-3 Hühnerkeulen
1 Liter klare Hühnerbrühe
(aus dem Huhn gekocht)
2 Bund Suppengemüse
(Sellerie, Karotten, Lauch, Petersilie)
600-800 g Gehacktes vom Rind
oder Schwein
1-2 trockene Brötchen
oder Paniermehl
Ca. 10-12 Eier
200 ml Milch
500 g kleine Nudeln
2 kleine Gläser Spargel
Muskat, Salz, Pfeffer
und je nach Geschmack
weitere Kräuter

Sauerampfersuppe – Ein Vitamin C-Spender

Wer die Notzeiten nach dem 2. Weltkrieg miterlebt hat, wird sich an diese Suppe erinnern. Aber sie ist immer noch eine wertvolle Köstlichkeit.
Zubereitung: Den Sauerampfer in Streifen schneiden, in der Butter andünsten, die Fleischbrühe zugeben, 10 Minuten köcheln lassen. 1 Eigelb mit der Sahne verrühren, unter die Suppe ziehen, mit Salz, Pfeffer, Muskat und Basilikum abschmecken.

200 g Sauerampferblätter
¾ Liter Fleischbrühe
1 Eigelb
2 EL Sahne
40 g Butter
Salz, Pfeffer, Muskat und Basilikum

Neunersuppe für den Gründonnerstag

Als Frühjahrskur kann es nichts Kräftigenderes geben als diese Suppe! Goethe und Humboldt schworen auf diesen Muntermacher. Die Redewendung »Ach du grüne Neune« geht auf diese Wildgemüse-Suppe zurück.
Sie setzt sich aus neun Kräutern zusammen, die das Frühjahr bieten kann.
Zubereitung: Diese Frühlingskräutermischung wird in kochendem und leicht gesalzenem Wasser blanchiert. Die gehackte Zwiebel wird in Butter angedünstet, die blanchierten Kräuter hinzugegeben, zusammen erhitzt und dann püriert. Abgeschmeckt wird mit Salz, Pfeffer, Muskat; ein Löffel Butter, saure Sahne, Schmand oder Crème fraiche machen das Gericht sahnig, wenn alles nochmals mit dem Pürierstab geschlagen wird.
Nach Belieben mit Wasser verdünnen oder mit Kartoffeln andicken.
Die Kräuter können auch gegen andere ausgetauscht werden, wichtig ist, daß neun Arten enthalten sind

Zur Hälfte Brennesseln
(zum Beispiel 200g)
¼ Giersch (100g) und die restlichen
100 g Schafgarbe,
Gänseblümchen, Gundermann,
Brunnenkresse, Vogelmiere,
Löwenzahn und Wegerich
1 Zwiebel
Butter
Saure Sahne, Schmand
oder Crème fraiche
Salz, Pfeffer, Muskat

Schaumsüppchen mit Frühlingskräutern

Zubereitung: Die Kräuter putzen, waschen, trocken tupfen – die Bärlauchblätter müssen klein geschnitten werden. Den Geflügelfond aufkochen, vom Herd nehmen, mit der Butter und den Kräutern vermischen. Mit dem Pürierstab schaumig schlagen. Mit Salz, Pfeffer und Muskat abschmecken.
Zuletzt 1 Eßlöffel Sahne vorsichtig unter die Suppe heben.
Je nach Geschmack und Wunsch können geröstete Weißbrotwürfel auf der Suppe verteilt werden, dann sofort servieren.

Je eine Handvoll unzerdrückte
Basilikum, Bärlauch und Kerbel
800 ml Geflügelbrühe
100 g Butter
1 EL Sahne
Geröstete Weißbrotwürfel
Salz, Pfeffer, Muskat

Bärlauchsuppe – Ein natürliches Antibiotikum

2 Bund frischer Bärlauch, gewaschen und zerkleinert
2 Süßkartoffeln
1 Zwiebel
1 Liter Gemüsebrühe
50 ml Sahne
2 EL Butter
Salz, Pfeffer, Muskat, Zitrone
Geröstete Brotwürfel

Ein gesunder Start in den Frühling!
Zubereitung: Die geschnittene Zwiebel in der heißen Butter goldgelb garen, mit der Gemüsebrühe löschen und auffüllen, die geputzten klein geschnittenen Süßkartoffeln zugeben und kochen lassen, bis sie gar sind. Dann den vorbereiteten, gründlich gewaschenen Bärlauch hinzufügen, der nur eine kurze Garzeit benötigt.
Mit einem Pürierstab alles aufschlagen, mit der Sahne ergänzen und mit Salz, Pfeffer und Muskat abschmecken. Den Spritzer Zitrone nicht vergessen. Serviert wird mit gerösteten Brotwürfeln.

Brennesselsuppe – Beliebt als Frühjahrskur

500 g junge Brennesselblätter
1 Zwiebel
1 große Kartoffel
1 Liter Gemüsefonds
50 g Sauerrahm
Rapsöl
Muskat, Knoblauch
Salz, Pfeffer, Croutons

Zubereitung: ⅓ der Brennesselmenge fein hacken und beiseitestellen.
In einem Suppentopf das Öl erhitzen, Zwiebel zugeben und etwa 5 Minuten dünsten. Dann die Kartoffel gewürfelt hinzugeben und unter Rühren »anlaufen« lassen und die ⅔ Menge an Brennesselblättern untermischen und mitgaren. Nun mit Fonds und Sauerrahm aufgießen, etwa 10 Minuten köcheln lassen, bis die Kartoffelwürfel gar sind.
Die Suppe pürieren, mit Salz und Pfeffer abschmecken. Mit den frischen gehackten Brennesselblättern und den Croutons garnieren.

Graupen und Bohnen – Das wird sich lohnen

Etwa 200 g Räucherspeck
2 bis 2 ½ Liter Wasser
500 g Graupen
500 g getrocknete Bohnen
Salz, Bohnenkraut, Porree, Zwiebel

Zubereitung: Gemüse putzen und waschen. Die Bohnen vorher 1-2 Stunden wässern. Den Speck 30 Minuten kochen, dann Bohnen und Graupen zugeben und zusammen weitere 30 Minuten kochen. Den Porree, in Ringe geschnitten, die Zwiebel und das Bohnenkraut zugeben, mit Salz abschmecken und garen, bis alle Zutaten weich sind. Mit weniger Wasser wird die Suppe sämiger.

Die Stippe oder Schdibbe

Zerlassene Speckbrocken
Mehl
Gewürze

Ein altes Harzer Schnellgericht ist die Stippe oder Schdibbe.
Mit einer Stippe konnte Haushaltsgeld gespart werden und sie ließ sich schnell in der Pfanne zubereiten. Grundstoff waren zerlassene Speckbrocken, mit Gewürzen versehen und mit Mehl angedickt. Die beste Sorte war die Beamtenstippe; fein gehacktes Fleisch wurde im Fett gut angebraten, scharf gewürzt und mit Mehl angedickt. Die Illusion eines Bratens blieb auf der Zunge zurück, auch wenn das Fleisch »durch die Pfanne gerutscht« war.
Die Pellkartoffel oder das Brot stippte man einfach in die Pfanne. Heute finden sich in Dosen mit allerlei Soßen für die Grillparty diese alten Essensgewohnheiten wieder.

Kalte Sommersuppen – Frische Brise zum Auslöffeln

Kalte Suppen sind in den Mittelmeerländern selbstverständlich, im Sommer in unseren Regionen eher ungewöhnlich, aber als erfrischende Mahlzeit empfehlenswert. Mit wenig Arbeit hergerichtet, können sie direkt aus dem Kühlschrank auf den Tisch gebracht werden. Mit Stangenweißbrot serviert, sind sie ein kleines, aber komplettes Essen.

Kalte Kartoffel-Lauch-Suppe – Für laue Sommerabende

600 g Lauch
200 g Kartoffeln
1 Liter Gemüsebrühe
5 EL Schlagsahne
4 TL Crème fraiche
1 Bund Schnittlauch
Salz, Curry und Cayennepfeffer
zum Würzen

Zubereitung: Den Lauch, geputzt und gewaschen, in Ringe schneiden (nur den weißen Teil). Die Kartoffeln, geschält und gewaschen, würfeln. Beides mit 750 ml Brühe knapp bedecken und in ca. 15 Minuten weich köcheln, pürieren. Mit der übrigen Brühe soweit aufgießen, daß die Suppe sämig ist. Dann aufkochen lassen, die Sahne unterrühren und mit Salz und den Gewürzen abschmecken. Zugedeckt auskühlen lassen.
Suppe in tiefe Teller füllen, in die Mitte einen Klecks Crème fraiche geben und mit Schnittlauchröllchen garnieren. Dieses Rezept ist für 4-6 Personen gedacht.

Kalte Zucchinisuppe

1 Zwiebel
2 EL Olivenöl
2 Knoblauchzehen
1 Liter Fleischbrühe
1 kg Zucchini
Muskatnuß (gerieben)
2 Zitronen (Saft)
2 hartgekochte Eier
Nach Belieben
150 g frische, kleine Champignons
Salz, Pfeffer (weiß)

Zubereitung: Zwiebeln in heißem Öl weichdünsten, ohne daß sie braun werden, die ausgepreßten Knoblauchzehen hinzugeben, mit ¼ l Brühe ablöschen, Topf vom Herd nehmen.
Die Zucchini, gewaschen und grob gewürfelt, portionsweise mit der restlichen heißen Brühe pürieren und in den Topf füllen.
Die Suppe mit Salz und den Gewürzen abschmecken, zugedeckt auskühlen lassen. Die Eier würfeln, die geputzten Champignons in Scheiben schneiden, in Zitronensaft wälzen. Die Suppe in Teller füllen und mit Ei und Champignons garniert servieren.

Watte dek innebroket hast,
moßte ok utlöppeln.
(Sprichwort)

KARTOFFEL

Ein wertvoller Erdapfel

Die Mahlzeit des armen Mannes besteht aus
einer kleinen und einer großen Kartoffel.
(Irisches Sprichwort)

In Deutschland wurde die Kartoffel zur Hauptspeise des armen Mannes.
Wenn es die Kartoffel nicht gegeben hätte! Half sie doch in mancher Hungersnot während der Kriegs- und Pestzeiten.
Als Friedrich II. 1740 den Thron bestieg, versuchte er der schlimmen, durch schlechte Ernten entstandenen Hungersnot durch Einführung der Kartoffel zu begegnen. Rings um Berlin ließ er das nützliche und nahrhafte Nachtschattengewächs anbauen und die Felder von Soldaten bewachen. 1756 erließ er an alle Landräte die Order, die Kartoffel anzubauen und verhalf der Knolle so zum Durchbruch.

Pellkartoffeln und Quark

Kleine Kartoffeln mit Schale
Kräuterquark
Leinöl

Das ist das einfachste und natürliche Kartoffelgericht, auch wenn die Kartoffel keinen guten Ruf als Dickmacher zu haben scheint. Das Problem ist oft das Zuviel von etwas – wie das Fett in Bratkartoffeln, Pommes frites und Kartoffelpuffern.
Entscheidend ist die Zubereitung!
Dieses einfache Gericht sorgt für anhaltende Sättigung, ist leicht verdaulich, entwässert und ist reich an Ballaststoffen, Vitaminen und Mineralien.
Es werden kleine Kartoffeln mit Schale gekocht und vor dem Servieren gepellt.
Junge Kartoffeln sollten mit Pelle gekocht und gegessen werden.
Der Quark wird nach Belieben mit Kräutern und Leinöl vermischt und zu den Kartoffeln gereicht.

Pellkartoffeln mit Quark und Leinöl aus Westerhausen

Zubereitung: Den Quark mit etwas Milch (oder saurer Sahne oder Schmand) anrühren, mit Salz und Pfeffer würzen.
Dazu reicht man den gehackten Schnittlauch und die gehackte Zwiebel.
Mit Leinöl rundet man ab.
Mit einem Kännchen Leinöl kann sich jeder individuell bedienen.

Pellkartoffeln
500 g Quark
1 Tasse Milch
Gehackte Zwiebel
Schnittlauch
Leinöl
Salz, weißer Pfeffer

Backkartoffel mit Quark – Einfach und beliebt

Zubereitung: Die Kartoffel wird gebürstet und gewaschen, ein Kreuz eingeschnitten und sie wird mit dieser Seite nach oben in gefettete Folie (glänzende Seite) gewickelt, diese muß die Kartoffel oben verschließen.
Im auf 200 °C vorgeheizten Backofen 45 Minuten garen.
Dem Kräuterquark kann nach Belieben noch ein gutes Öl mit überwiegend ungesättigten Fettsäuren (Leinöl, Rapsöl, Olivenöl) beigemischt werden.

Große, mehlige Kartoffel
Kräuterquark
Öl

Wernigeröder Kartoffelsalat für 6 Personen

Zubereitung: Kartoffeln kochen, abpellen und in Scheiben schneiden.
Aus Senf, Öl, gehackten Zwiebeln, Salz und Pfeffer eine Marinade mischen und mit dem Fleisch- und Heringssalat unter die Pellkartoffeln heben.
Zeit zum Durchziehen lassen!
Rezept von Kathrin Nekwapil aus Wernigerode

2 kg Pellkartoffeln
500 g selbstgemachten Fleischsalat
500 g selbstgemachten Heringssalat
3-4 Zwiebeln
2 TL Senf
Etwas Öl
Pfeffer, Salz

Warmer Kartoffelsalat aus Westerhausen

1 kg Kartoffeln
3-4 EL Apfelessig
¼ EL Salz
1 Prise Zucker
1 ½ EL Öl
Gehackter Schnittlauch
Pfeffer, Zwiebel nach Geschmack

Zubereitung: Mit kochend heißem Wasser die Marinade vorbereiten, die frisch geschälten Pellkartoffeln heiß in feine Scheiben schneiden und in die Soße unterheben, dann etwa 20 Minuten ziehen lassen.
Schmeckt sehr gut zu herzhaften Wurst- und Fleischgerichten und zur Harzer Schmorwurst oder auch zu den echten Halberstädter Würstchen. Dieses Rezept ist für 4 Personen gedacht.

Harzer Knieste – Halbierte Kartoffeln aus dem Backofen

1,2 kg Kartoffeln
Öl oder Butter
Räucherspeck in dünnen Scheiben
Kümmel, Pfeffer, Salz

Die Knieste oder Kniester waren seit Jahrhunderten ein Armeleuteessen bei Köhlern und Fuhrleuten. Sie werden unterschiedlich zubereitet und lassen sich gerne wiederentdecken.
Zubereitung: Die ungeschälten Kartoffeln gründlich reinigen, abtropfen lassen und längs halbieren oder vierteln, die Stücken auf ein gefettetes Blech setzen, die Schnittflächen mit Öl oder Butter bestreichen und mit Speck belegen sowie mit Salz, Kümmel und Pfeffer würzen. Bei 185-190 °C 30-40 Minuten garen. Die Knüste sollten heiß aufgetragen und gegessen werden. Gerne werden sie mit verschiedenen Beilagen serviert. Dieses Rezept ist für 4 Personen gedacht.
(Siehe auch Hackus un Knieste in »Unsere Gabelbissen«, S. 129.)

Kartoffelsuppe mit Steinpilzen aus Thale

30 g getrocknete oder
300 g frische Steinpilze
800 ml Gemüsebrühe
2 Zwiebeln, gewürfelt
1 Möhre, geschält und gewürfelt
150 g Knollensellerie
1 Petersilienwurzel
500 g mehligkochende Kartoffeln
1 kleine Lauchstange (nur das Weiße)
2 EL Rapsöl
2 TL Walnußöl
2 TL Zucker
Salz, Muskatnuß, Chili
oder Cayennepfeffer

Zubereitung: Die Steinpilze, gesäubert, mit ¼ l kochend heißem Wasser übergießen und 20 Minuten zugedeckt weichen lassen. Die Pilze abgießen, ausdrücken, klein schneiden, die Flüssigkeit auffangen.
Die Zwiebeln im Rapsöl glasig dünsten, das Wurzelwerk zugeben und unter Rühren 3 Minuten anbraten, mit dem Zucker bestreuen, weiterrösten, bis der Zucker karamellisiert ist.
Die Gemüsebrühe, Pilze und Pilzflüssigkeit hinzugeben, aufkochen und etwa 5 Minuten köcheln lassen. Kartoffeln und Lauch nun zugeben und 20 Minuten zugedeckt weiterköcheln, bis alle Zutaten gar sind.
Pürieren und mit Salz, Muskatnuß, Chili oder Cayennepfeffer und 2 TL Walnußöl abrunden.

Die dümmsten Bauern haben die dicksten Kartoffeln.
(Sprichwort)

Kartoffelbällchen – Die ideale Resteverwertung

Gestampfte Kartoffeln
2 Eier
Semmelbrösel

Aus Kartoffelresten lassen sich auch Kartoffelbällchen herstellen.
Das Rezept dazu stammt aus dem Kochbuch der Wilhelmine Bothe aus Bündheim bei Bad Harzburg, das sie 1907 zur Konfirmation bekam.
Zubereitung: Die gestampften Kartoffeln werden mit Ei zu einem geschmeidigen Teig verarbeitet, zu kleinen Bällchen geformt, die dann im Anschluß in geschlagenem Ei gewälzt werden, um dann in den Semmelbröseln paniert zu werden. In heißem Fett durch behutsames Wälzen oder Schwenken hellbraun ausbacken.

Hadern – Plätzchen aus Kartoffelresten

750 g gekochte kalte Kartoffeln
225 g Mehl
3 Eigelb
3 EL Butterschmalz oder Öl
3 EL Butter
3 EL Paniermehl
Salz, Muskatnuß (gerieben)

Diese Plätzchen sehen aus wie Schneiderflicken – im Mittelalter Hadern genannt – und gaben dem Gericht den Namen. Sie werden aus Kartoffelresten bereitet.

Zubereitung: Kartoffeln zu Mus stampfen, mit Mehl, Eigelb, Salz und Muskat zu einem ausrollbaren Teig verkneten; eventuell etwas Wasser zugeben, wenn er zu trocken gerät. Flach ausrollen, in etwa 4 cm große Quadrate schneiden und in der Pfanne mit Butterschmalz goldgelb backen oder auf einem gefetteten Blech mit Paniermehl bestreuen und die zerlassene Butter darüber geben. Im vorgeheizten Ofen bei 200 °C 10 min überbacken.

Unbedingt heiß zu Kräuterquark oder Braten servieren!

Dieses Rezept ist für 2 Personen gedacht.

»Schön rötlich die Kartoffeln sind
und weiß wie Alabaster;
verdau'n sich lieblich und geschwind
und sind Mann und Frau und Kind
ein rechtes Magenpflaster.«

(Matthias Claudius)

Himmel und Erde – Eine wahre Wiederentdeckung

Birnen oder Äpfel
Geschälte Kartoffeln
Ausgelassener Speck
oder gebräunte Butter
Salz

Weil die Äpfel »von oben« und die Kartoffeln »von unten«, aus der Erde kommen, erhielt dieses einfache Gericht seinen Namen – ein Alltagsessen nicht nur im Harz.

Zubereitung: Für dieses äußerst leckere, leicht säuerliche Gericht werden die gleiche Menge Birnen oder saftige Äpfel und geschälte Kartoffeln zusammen gekocht, verstampft und mit ausgelassenem Speck serviert. Durch die Saftigkeit der Äpfel ist in der Regel kein Wasserzusatz erforderlich. Anstelle von Speck kann auch gebräunte Butter verwendet werden.
Das Würzen ist jedem individuell überlassen.

KRAUT UND RÜBEN

Zurück an die Wurzeln

Kohl und Rüben waren im Harz der wichtigste Vorrat für den Winter. Die Rüben konnten mit Sand bedeckt vorrätig gehalten werden, und der Kohl wurde zu Sauerkraut aufbereitet. Zu den frischen Kohlsorten zählte der braune Kohl, der Grünkohl.

Aus Kohl und Rüben entstand mit Kümmelfleisch das »Zusammengekochte«.

Kohl sollte im Topf ein »Blankenburger«, das heißt durch viel Fett glänzend = »blank« werden!

»Auch unser edles Sauerkraut,
Wir wollen's nicht vergessen,
Ein Deutscher hat's zuerst gebaut,
Drum ist's ein deutsches Essen.
Wenn solch ein Fleischchen weiß und mild
Im Kraute liegt, das ist ein Bild
Wie Venus in den Rosen.«

(Ludwig Uhland)

Sauerkraut – das mit Milchsäurebakterien fermentierte geschnittene Weißkohlkraut – geht aber ursprünglich auf Korea und China zurück und gelangte höchstwahrscheinlich im 13. Jahrhundert nach Deutschland. Das erste Rezept ist jedoch nicht zu definieren. Durch Kriegsereignisse wurde der Winterkohl mit dem hohen Vitamin C-Gehalt zur rettenden Volksnahrung.

Das Sauerkraut ist im Harz eine beliebte Beilage zu Klößen. Wer den passenden Gärtopf besitzt, macht sich das Sauerkraut immer noch selbst. Es ist gesund, schmackhaft und erfrischend zugleich.

»...unter den verführerischen Sächelchen, die den schärfsten Gegner aller Schlemmer, Cornaro (der nach einer sehr strengen Diät lebte), schwach hätten werden lassen: unter ihnen also befindet sich eine einfache, gesunde Nahrung, gesundheitsfördernd, säuerlich und kräftigend, die den Geldbeutel nicht strapaziert und überdies noch vorzüglich schmeckt....Habe ich doch gesehen, wie Leute mit anfälliger Gesundheit durch das Sauerkraut wieder ganz hergestellt wurden.... wirkt labend, ist gut gegen Skorbut, und sein gereinigter Saft macht das Blut flüssig und rot«, schrieb der Feinschmecker Louis-Sebastien Mercier in seinem »Tableau de Paris« (10 Bände, 1781-1788).

Das Leben ist wie Sauerkraut,
wohl dem, der es gesund verdaut!
(Sprichwort)

Saurer Kloß oder Sauerkrautkuchen aus Westerhausen

Kartoffeln
Mehl oder Kartoffelmehl
Sauerkraut (den Saft im Sieb ablaufen lassen)
200 g Emmentaler Käse
3 Eier
Speck
100 ml Milch
200 ml Sahne
Zucker
Salz, Pfeffer

Zubereitung: Kartoffeln kochen, stampfen und abkühlen lassen. Dieser Masse je nach Menge 1 Ei, eine Prise Salz und soviel Mehl oder Kartoffelmehl zugeben, bis der Teig beim Kneten nicht mehr an den Fingern klebt. Blech oder Pfanne mit Backpapier auslegen. Den Kloßteig darauf dünn verteilen und leicht eindrücken. ¼ Pfund Schinkenspeckwürfel darüber verteilen, im Wechsel mit einer Sauerkrautschicht zuletzt mit Pfeffer bestreuen. Sahne, Milch, Eier, Salz und eine Prise Zucker verrühren und darüber gießen. 1 Stunde ziehen lassen. Dann den Käse in Scheiben auf das Kraut legen.
Im Ofen bei 180 °C 30 Minuten lang backen.
Den fertigen Kuchen 10 Minuten abkühlen lassen, Kuchen in Stücke schneiden, noch warm vom Papier lösen. Warm gegessen ist es Saurer Kloß, kalt gegessen Sauerkrautkuchen. Lecker!

Steck- und Mohrrüben standen das Jahr über zur Verfügung, aber ohne Fett waren sie ein »Schwellenhüpfer«, man wurde schnell wieder hungrig, darum gehörte Rauchfleisch dazu.
Zu den Wurzeln zählte auch der Meerrettich, der nur in den Monaten mit »r« geerntet und gegessen werden konnte. Gekochtes Suppenfleisch, gewürfelt, wird mit fein geriebenem Meerrettich, Rosinen, etwas Salz und Zucker in Brühe aufgekocht und zu Klößen oder Kartoffeln gereicht.
Die alten, lange Zeit verschmähten Sorten kehren nun auch auf die Speisekarten zurück. Sie sind bodenständig, urwüchsig und geschmacksintensiv.

Fast schon vergessen, weil die exotischen Arten sie aus dem Gedächtnis verdrängten, erleben sie nun eine Renaissance. Pastinaken, Topinambur, Rukola, Rote Bete, Teltower Rübchen, Steckrübe und Schwarzwurzeln – Hauptlieferanten für Vitamine, Mineral- und sekundäre Pflanzenstoffe – werden wiederentdeckt und bereichern als Köstlichkeiten erneut den Speiseplan.
Die Pastinake, eine Wurzel mit vielen Geschmackseigenschaften, eignet sich als Rohsalat oder gekocht als Gemüse und Suppe. Topinambur (Erdbirne) ist besonders für Diabetiker geeignet und schmeckt roh, gekocht, gebacken, gedünstet und mariniert. Sie eignet sich so zu Suppen, Saucen, Aufläufen und Salaten.

Petersiliensuppe aus den Wurzeln – Ein altes Klosterrezept

»Schneide Weißbrod in Würfel und röste es in Butter. Nehme hierauf ziemlich viel Petersilienwurzeln, säubere sie und zerschneide sie auch in Würfel. Gieße Wasser an die Wurzeln, lasse sie darinnen kochen. Thue Butter, Muscatenbluth, Pfeffer, Salz und kleine Rosinlein daran, laß es noch einmal untereinander aufkochen und richt es über das oben gemeldete Weißbrod an.«

Weißbrot
Butter
Petersilienwurzel
Muskat
Rosinen
Pfeffer, Salz

»Wenn ein Koch keine Petersilie hat,
bleibt ihm nichts anderes übrig,
als seinen Beruf aufzugeben.«
(Alexandre Dumas)

Eine besondere Rarität war immer schon die Süßkartoffel, die Batate. Ihre Verwendung ist vielfältig, so kann sie anstelle der Kartoffel auch als Püree oder paniert gebraten werden. Das Blattwerk kann wie Spinat gekocht und zubereitet werden. Die Batate lässt sich besonders gut auf einem Hügelbeet kultivieren. Mit der Kartoffel, die zur Familie der Nachtschattengewächse zählt, ist die Süßkartoffel nur entfernt verwandt. Als Nahrungsmittel werden auch die Wurzeln genutzt.
Die Batate ist inwischen nach der Kartoffel und dem Maniok auf dem dritten Platz der Weltproduktion von Wurzel- und Knollennahrungspflanzen; größter Produzent ist China.

Mangold – Der andere Spinat

1 kg Mangold
60 g Butter
1 Bund Frühlingszwiebeln
1 EL Sahne
Ingwer, Muskat, Pfeffer, Salz

Mangold (Römischer Kohl) ist ein angenehm herb schmeckendes Blattgemüse und wird wie Spinat zubereitet. Mangold war vor 200 Jahren ein alltägliches Gemüse.

Zubereitung: Den Mangold von den Stielen abstreifen, gründlich waschen, in kochendem Salzwasser kurz blanchieren, mit einem Schaumlöffel herausnehmen und abkühlen lassen und dann hacken. Die Zwiebeln waschen, putzen und nur das Weiße in Scheiben schneiden, in der heißen Pfanne mit der Butter glasig braten, den Mangold, die Sahne, die Gewürze hinzufügen und kurz durchschwenken.

Paßt als Beilage zu Fisch, Fleisch und Eierspeisen.

Braunkohl mit Schmorwurst – Das Harzer Nationalgericht

1 Ring Schmorwurst
1 frische und 1 geräucherte Brägenwurst
Frisch geernteter Grünkohl
Schmalz
Zwiebeln
Brühe
Pfefferkörner, Salz

Es gibt verschiedene Arten, den Grünkohl zuzubereiten. Dieses Rezept ist vermutlich nah dem ursprünglichen. Die Schmorwurst ist ein echtes Harzer Produkt und gehört mit der Brägenwurst unbedingt zusammen zum Braun- oder Grünkohl.

Zubereitung: Den gewaschenen und von der Mittelrippe befreiten Grünkohl kurz blanchieren und grob zerkleinern. Je nach Kohlmenge 1-3 gewürfelte Zwiebeln in einem großen Topf in Schmalz anschwitzen, Kohl hinzugeben und wenig Brühe zugießen. Der Kohl fällt dann zusammen, 2 EL Haferflocken untermischen, mit Salz und Pfeffer würzen. Etwa 45 Minuten zugedeckt köcheln lassen und gegebenenfalls Brühe nachgießen.

Dann die Würste auf den Kohl legen, weitere 20 Minuten kochen; die prall gewordenen Brägenwürste anstechen, damit sie Fett an den Kohl abgeben können. Eventuell noch nachwürzen. Unbedingt heiß servieren. Senf dazu reichen. Dazu Salzkartoffeln.

Die Mengenangaben beziehen sich pro Person.

Teltower Rübchen von Großmuttern – Eine köstliche Beilage

500 g Rübchen
50 g Butter
¼ Liter Brühe
1 EL Zucker
1 EL Mehl
Salz und Pfeffer

Zubereitung: Die Rübchen schälen oder schaben, halbieren oder vierteln.
Die Butter in einem Topf erhitzen und den Zucker darin bei ständigem Rühren zum Schmelzen bringen, bis er braun ist. Die Rübchen hinzufügen, gut mit der Zuckermasse vermischen.
Dann die Brühe aufgießen, bei geschlossenem Deckel und schwacher Hitze 45 Minuten köcheln, bis die Rübchen gar sind und die Flüssigkeit fast verkocht ist. Bei geöffnetem Deckel weiter köcheln und durch Schwenken die Rübchen gleichmäßig mit der Sauce überziehen.
Mit Salz und Pfeffer würzen und heiß servieren.
Paßt zu Fleischgerichten.

Topinambur – Die Erdbirne als Diabetiker-Kartoffel

Topinamburgemüse
Dill
Thymian
Essig-Öl-Marinade
Walnußöl
Butter

Dieses Wurzelgemüse einer Sonnenblumenart mit bräunlicher bis violetter Schale hat viele Ballaststoffe und wenig Kalorien und eignet sich, obwohl es süßlich schmeckt, besonders für Diabetiker. Statt Stärke enthalten die Knollen Inulin, ein löslicher Ballaststoff, der sättigend wirkt. Sie lassen sich schlecht schälen, aber auch roh und ungeschält verzehren. Sie sind nur kurz, für wenige Tage im Kühlschrank haltbar. Roh angeschnitten werden sie schnell bräunlich, das kann Zitronensaft verhindern.
Das gewaschene und geputzte Gemüse in Scheiben schneiden, in einer Sauce garen oder mit Dill und Thymian braten. Werden die Knollen mit Fleisch gebraten, schmecken sie besonders süß.
Für einen Salat die Knollen nicht zu weich kochen und in Scheiben geschnitten mit einer Essig-Öl-Marinade anmachen.
Der nussige Geschmack entfaltet sich besonders mit Walnußöl oder Butter.

Schierker Salat – Pikant für die Winterzeit

3 Teile weich gekochte Kartoffeln
Je ein Teil saure Äpfel, Rote Bete und eingelegte Gurken
Pflanzenöl
Saure Sahne
Apfelessig
Pfeffer, Salz

Zubereitung: Alle Zutaten in Scheiben schneiden und in eine große Schüssel legen.
Aus Öl, saurer Sahne, Apfelessig, Salz und Pfeffer eine pikante Soße bereiten und vorsichtig unter den Salat mischen.
Angerichtet wurde dieser Salat manchmal mit einem Kranz aus Kornsalat (Feldsalat von Kornfeldern) und mittelweich gekochten Eiern.
Auch dieser Salat wird mit Essig und Öl angemacht.

Bee'rn, Boh'n un Speck – Köstlich, süß und deftig

1 kg grüne Bohnen
4-5 kleine Kochbirnen
500 g Räucherspeck
2 Zwiebeln
1 Bund Bohnenkraut
Salz und Pfeffer

Zubereitung: Geschälte und geviertelte Zwiebeln mit dem Speck in ¼ Liter Wasser 30 Minuten garkochen. Die gewaschenen, geputzten und geschnittenen Bohnen hinzugeben und weitere 15 Minuten kochen, dann das zusammengebundene Bohnenkraut hineinlegen. Die Birnen im Ganzen mit Stiel zu den Bohnen geben und 10-15 Minuten mitgaren lassen. Mit Salz und Pfeffer abschmecken, das Bohnenkraut und den Speck herausnehmen, diesen in Scheiben schneiden oder gewürfelt wieder zu den Bohnen geben.
Einmal probiert, wird man sich nach dem Geschmack zurücksehnen!
Dieses Rezept ist für 4 Personen gedacht.

Steckrübeneintopf – Ein Notzeitgemüse kehrt zurück

1,5 kg Steckrüben
500 g Kartoffeln
1 Zwiebel
1 Knoblauchzehe
Je 1 TL Majoran und
gehackter Schnittlauch
1 EL Mehl
100 g Speck
2 Liter Brühe oder Wasser

Zubereitung: Die geschälten Steckrüben und Kartoffeln in löffelgerechte Würfel schneiden, beides in dem Wasser oder der Brühe weichkochen, mit Salz und Majoran würzen.
In ausgelassenem Speck die gehackte Zwiebel und den Knoblauch mit dem Mehl braun anbraten. Diese Mehlschwitze zum Gemüse geben, nochmals aufkochen lassen und vor dem Servieren mit dem Schnittlauch überstreuen.
Die Steckrüben lassen sich auch als Gemüsebeilage zubereiten.
Traditionelles Gericht aus Bad Harzburg

Schwarzwurzel – Der aromatische Winterspargel

Schwarzwurzeln
Essigwasser
Mehl

Diese Wurzel versteckt unter ihrer schwarzen Schale Kalzium, Magnesium, Phosphor, Vitamin C und Inulin. Neben Erbsen und Bohnen enthält sie die meisten Nährstoffe. Die Schwarzwurzel kann so zum neuen Lieblingsgemüse werden, wenn man erst einmal auf den Geschmack gekommen ist. Nur das Schälen ist mit Vorsicht vorzunehmen: der Saft hinterläßt auf der Kleidung braune Flecken und beim Schneiden und Schälen treten klebrige und färbende Pflanzenreste aus der Wurzel, daher am besten Handschuhe tragen, in Essigwasser mit etwas Mehl legen.
Das Wintergemüse kann nun auf verschiedene Weise zubereitet werden.
Vor der Weiterverarbeitung müssen die in mundgerechte Stücke geschnittenen Wurzeln in Salzwasser etwa 20 Minuten gekocht werden.
Sie eignen sich als Beilage zu Salaten, Suppen oder Aufläufen.

Rund um die Kräuter – Kräuterwürze mit Vergangenheit

Grün sind sie alle, aber kein Kraut gleicht dem anderen. Doch für alles ist ein Kraut gewachsen. Wir unterscheiden:
Die ZARTEN mit sehr feinem Aroma für feine Gerichte. Dazu gehören Dill, Estragon und Kerbel.
Die ITALIENISCHEN mit typischem Geruch: Basilikum, Oregano, Salbei bringen den italienischen Duft in die Küche.
Die GANZJÄHRIGEN wie Petersilie, Schnittlauch, Kresse. Sie haben immer Saison und stehen im Garten gratis zur Verfügung. Die PROVENZALISCHEN bringen den Sommer mit Rosmarin, Majoran und Thymian ins Haus.
Zu den ROBUSTEN zählen Bohnenkraut, Borretsch, Liebstöckel, die bereits in geringen Mengen besonders einfache Gerichte herzhaft würzen. Die WILDEN waren schon in Großmutters Küche die Bitteren. Löwenzahn, Rauke, Sauerampfer sind empfehlenswerte Salatzugaben. Die SÜSSEN sind erfrischend in Getränken und Speisen.
Minze, Zitronenmelisse, Waldmeister aromatisieren mit feiner Note.

Kräuter sind außerordentlich wohltuend, liefern wichtige Vitamine und Mineralstoffe und lassen dank ihrer Würzkraft den Salzstreuer im Regal. Sie werten unsere Speisen auf, weil sie konzentrierte Geschmacks- und Nährstoffpakete sind. Frische Kräuter müssen möglichst schnell verbraucht werden. Um Farbe, Aroma und Aussehen zu erhalten, sollten sie erst zum Schluß über das Gericht gestreut werden.
Für die Ernährungsmedizin sind Kräuter mit Bitterstoffen unentbehrlich. Sie haben eine stärkende und appetitanregende Wirkung, es kommt zur Zunahme der Speichel-, Gallen- und Pankreassaftproduktion. Dazu zählen Beifuß, Löwenzahn, Engelwurz, Enzian, Tausendgüldenkraut.

In Kürze die Gewürze: Das »Herz« des Kochens ist die Frische, die »Seele« ist das Gewürz.

»Gar lieblich dringen aus der Küche
Bis an das Herz die Wohlgerüche.
Hier kann die Zunge, fein und scharf,
sich nützlich machen, und sie darf.«
(Wilhelm Busch)

Gewürze sind aus unserer Küche nicht wegzudenken. Sie aromatisieren und verfeinern unsere Speisen und entfalten in ihnen gleichzeitig auch arzneiliche Wirkungen. Sie kommen aber nur in kleinen Mengen zum Einsatz, oft sind nur wenige Körnchen ausreichend, um den Charakter eines Gerichtes durch einen bestimmten Geschmack zu betonen.
Gewürze gehören seit jeher zu den kostbarsten Zutaten. Exotische Gewürze wurden früher mit Gold aufgewogen – es waren kostbare Spezereien.
Als Gewürz gelten nur Pflanzenteile, die wegen ihres natürlichen Gehaltes an Geschmacks- und Geruchsstoffen als würzende Zutaten eingesetzt werden. Ihre Wirkung beruht auf Substanzen, die durch ihre leichte Flüchtigkeit auch angenehm duftend in die Nase steigen. Mit ihren Eigenschaften läßt sich auch der ureigene Geschmack einer Speise hervorheben, ergänzen oder verstärken.
Unsere Riechzellen beeinflussen durch das Aroma das vegetative Nervensystem positiv. Die entsprechenden Gehirnzellen sind für Erinnerungen und Emotionen verantwortlich, so daß wir durch einen bereits erlebten Duft an das Erlebnis aus der Vergangenheit erinnert werden.
Gewürze haben aber nicht nur geschmacklichen Nutzen, sondern werden traditionell auch zur Konservierung von Lebensmitteln verwendet. Die wichtigste arzneiliche Funktion ist die verdauungsfördernde Wirkung, so mit Pfeffer, Anis, Koriander, Kümmel, Fenchel, Senfkörnern, Lorbeerblatt, Paprika, Chili, weil sie Kohlgemüse und Hülsenfrüchte bekömmlicher machen.
Zimt und Oregano sollen als Antidiabetika den Glukosestoffwechsel positiv beeinflussen. Und dem Klassiker Petersilie wird eine entgiftende Wirkung zugeschrieben. Pfeffer diente »in allen kalten Zufällen« und Safran »hat eine sonderlich durchdringende Kraft das Herz zu erquicken und den Schlaff gelinde zu befördern«, erklärt Johann Sigismund Elsholtz, Arzt, der 1682 das Kochbuch »Diaetheticon« verfaßte. Besonders in der Seuchenzeit wurde auf die exotischen Gewürze zurückgegriffen. Bockshornkleesamen lieferten das nötige Würzig-Bittere.

Wo kein Salz ist, können auch Gewürze nicht helfen.

(Sprichwort)

Universalgewürze, die sich für alle Gerichte einsetzen lassen, sind der Pfeffer (auch König der Gewürze), Galgant und Ingwer. Zu den »Scharfmachern« gehören Chili und Cayennepfeffer. Für Süßspeisen, Kuchen und Gebäck eignen sich Zimt, Anis, Gewürznelken, Ingwer, Kardamom, Piment, Vanille; sie sind auch Bestandteile von fertigen Gewürzmischungen, so als Lebkuchengewürz oder Honigkuchengewürz.
Safran, der den Kuchen gelb färbt, ist immer noch das teuerste Gewürz der Welt.
Weitere Gewürzmischungen sind Curry, Einlegegewürz für Gemüse und spezielle Mischungen zum Grillen, für Pizza, Pasta, Brot und Fisch.

Alle anderen Stoffe wie Zucker, Salz, Essig, Honig, Senf, die der Geschmacksverbesserung dienen oder die Bekömmlichkeit verbessern, sind Würzmittel. In Flüssigform sind es Würzsaucen.
Die Kunst des Würzens benötigt Erfahrung und Fingerspitzengefühl.

»Falsche Gewürze tun ebenso weh wie falsche Töne.«

(Rossini)

Gewürze reizen einerseits die Geschmacksnerven und dienen als Saftlocker, andererseits erwärmen sie die Magenwände, sind beruhigend und einfach wohltuend. Auch die Farbe des Gerichtes können sie verändern (Curcuma und Safran verwandeln in Gelb). Gewürze in ihrer Vielfalt sind für den guten Geschmack unverzichtbar.

Neue Gewürze machen alte Speisen frisch.

(Sprichwort)

Holunderblüten-Sirup – Eine aromatische Köstlichkeit

20-30 Holunderblütendolden
1500 g Zucker
2 Liter Wasser
40 g Zitronensäure
4 unbehandelte Zitronen

An dem Duft der Blütendolden kommt keiner vorbei.
Mit dem Sirup gelangt das Aroma von der Nase auf die Zunge.
Zubereitung: Die Holunderblüten nur kurz abspülen, damit das Aroma erhalten bleibt. Das Wasser mit dem Zucker erhitzen, bis sich der Zucker vollständig aufgelöst hat, Die Zitronensäure darin auflösen.
Die Zitronen in Scheiben schneiden. In einem Glasgefäß Blüten und Zitronenscheiben schichtweise mit dem Zuckersud übergießen und abgedeckt 2 Tage lang in die Sonne stellen. Dann das Grobe entfernen und den Sirup durch einen Kaffeefilter in Flaschen füllen.
Mit dem Sirup lassen sich viele Speisen verfeinern.
Der Sirup im Verhältnis 1:6 mit Wasser oder Selters gemischt, ist ein erfrischendes wohlschmeckendes Sommergetränk.

Fliedermus – Eine würzige Holunder-Rarität

Reife Holunderbeeren

Andere Bezeichnungen für diese wohl auch fast vergessene Spezialität sind Holundermus, Fliederkreude oder Fliederkraut.
Zubereitung: Der ausgepreßte Saft der Holunderbeeren wird in einem Topf zum Kochen gebracht. Um ein Anbrennen zu vermeiden, legt man vorher eine Untertasse mit der oberen Seite nach unten auf den Boden des Topfes.
Bei mittlerer Hitze wird der Saft eingekocht, je nach der Menge kann der Prozeß bis zu 6 Stunden dauern. Die Masse muß eine feste Konsistenz haben, um eine Haltbarkeit zu erreichen. Dann kann Fliedermus jahrelang aufbewahrt werden.
Dieses Würzmittel ist ein aromatischer Rotweinersatz und eignet sich besonders zu Kochfisch.

Zucker – Genußmittel und Nährstoff

Unser Gaumen steht auf süß! Als Würzmittel dient eine Prise Zucker zur Geschmacksverfeinerung und rundet manche Speise ab. Zucker verhindert Schimmelbildung, konserviert das Obst und stabilisiert das Vitamin C.
Zucker gehört zu den Kohlenhydraten und ist ein wichtiger Bestandteil unserer Ernährung. Er wird schnell resorbiert und in Energie umgesetzt.
Im Mittelalter galt Zucker als »weißes Gold«, weil er ein seltenes Gut war. Heute ist er in unserer Überflußgesellschaft für viele Menschen zum »weißen Gift« geworden. Zu viel Zucker führt zu Übergewicht und in Folge zu Stoffwechselerkrankungen wie Diabetes und Bluthochdruck. Darum ist jedes Übermaß zu meiden. Zucker hat auch ein hohes Suchtpotential! Eine ausgewogene und vielseitige Ernährung führt zu normalem Zuckerverbrauch, denn in der Natur ist Saccharose allgegenwärtig! Aber in allen Fertiggerichten und Fertiglebensmitteln finden wir heute Zucker als Geschmacksverstärker, er versteckt sich überall dort, wo wir ihn nicht vermuten. Bitterstoffe hingegen, die für die Funktion der Leber und der Gallenblase notwendig sind, fehlen, weil sie aus Gemüsesorten bereits herausgezüchtet worden sind.

Haushaltszucker ist kein Grundnahrungsmittel. Besser man deckt seinen Bedarf vorwiegend aus ballaststoffreicher Nahrung (Hülsenfrüchte, Vollkornprodukte, Obst und Gemüse).
Zuckerrübensaft ist eine natürliche Süße! 1747 entdeckte der Apotheker und Chemiker Andreas Marggraf, daß die Zuckerrübe, aus der Runkelrübe gezüchtet, kristallisationsfähigen Zucker als Speichersubstanz enthält, der mit dem Rohrzucker identisch ist. 1901 entstand die erste Zuckerfabrik.
Auch im Harz begann man in den Haushalten Ende Oktober mit dem »Upmaken« der Rüben. Aus Badeborn wird berichtet, daß das Säubern der Rüben eine besonders zeitraubende, unangenehme Arbeit war. In »kuppern Kettel«, der mit Kernstroh »gejrudet« wurde, kochte man die Rüben. Sie wurden dann mit dem »Stampiesen« gestampft. Das Auspressen zur Gewinnung des Saftes geschah in einer der üblichen Saftpressen, die ausgeliehen wurden. Die Bedienung der Presse war meist Männerarbeit. Der ausgepreßte Saft wurde im Kessel unter ständigem Rühren eingekocht. Nach einigen Stunden des langsamen Kochens färbte sich der Saft langsam braun und wurde dickflüssig. Hatte er die nötige Dicke, so füllte man den »Rebensaft« heiß in Steintöpfe.
Dieser Saft oder Rübensirup war dann ein Brotaufstrich oder anstelle von Zucker eine Back- und Kochzutat.
Besonders in der Weihnachtsbäckerei wird er auch heute noch gerne verwendet. Soßen erhalten eine bessere Farbe.

Salz ist nicht gleich Salz

Salz ist nicht nur ein Würzmittel, sondern in angemessenen Mengen auch ein Lebensmittel für eine gesunde Ernährung.
Natürliches Salz enthält neben Natriumchlorid Mineralstoffe wie Kalium und Magnesium und Spurenelemente wie Selen, Silicium und Zink. Außerdem kann es innerlich wie äußerlich als Heilmittel eingesetzt werden.
Industriell verarbeitetes Kochsalz schadet dem Menschen mehr als es ihm nützt, besonders durch die zugesetzten Chemikalien und den Verzehr von zu großen Mengen, denn in allen Fertigprodukten ist ein Zuviel an Kochsalz enthalten.
Die moderne Ernährung versorgt den Menschen nicht mit den nötigen Salzen und Mineralstoffen. Aber unser Körper erwartet vollwertige natürliche Lebensmittel.
Ohne Salz könnten wir nicht leben. Unsere Zellen könnten keine Nährstoffe aufnehmen. Jeder kleinste Vorgang in unserem Körper erfordert Salz und seine Mineralstoffe in ionisierter Form. Zu empfehlen sind daher unbearbeitete Natursalze.

Ein besonderes Salz ist das Salinensalz. Europas einzige noch existierende Pfannensaline Saline Luisenhall befindet sich in Göttingen. Sie produziert noch wie vor 150 Jahren Salz – und so etwas gibt es noch.
Das Verfahren selbst ist 1000 Jahre alt.
Aus 450 Meter Tiefe wird das Salzwasser ans Tageslicht gefördert, in Pfannen erhitzt, bis das Salz kristallisiert und abgeschöpft werden kann. Es entsteht ein ursprüngliches unverfälschtes Tiefensalz, das zur Delikatesse werden kann, wenn der Vergleich mit dem handelsüblichen Kochsalz gemacht wird.

Meersalz ist das beste Salz für die Küche. Es ist ein Salz aus dem Meer, das sich in dem in Salzbecken aufgefangenen Meerwasser durch Verdunstung absetzt, abgebaut und gereinigt wird. Wegen seiner Mineralienzusammensetzung, seiner natürlichen Geschmacksverstärkung und der Kristallstruktur wird Meersalz vom Koch bevorzugt – Natur pur.

Was im Salz liegt, verdirbt nicht.

(Sprichwort)

FISCHE

Schmackhaftes aus Teichen und Flüssen

Gib einem Hungernden einen Fisch und er wird einmal satt.
Lehre ihn fischen, und er wird nie wieder hungern.

(Chinesisches Sprichwort)

Der Harz ist reich an Gewässern. Von der Bachforelle bis zum Stichling wanderte alles in den Kochtopf, was sich im Wasser fangen ließ.
Der Fisch steht für eine enge Verknüpfung als Nahrungsmittel mit Göttern und Fruchtbarkeit. Die Fische im Sternzeichen stellen Aphrodite und Eros dar.
Die christliche Fastenzeit, ursprünglich Fischzeit genannt, fällt immer in die Zeit der Pisces, der Fische (19.2.-20.3.), daher auch der Fisch als christliches Symbol. An einem Tag der Woche, dem Freitag, wurde statt Fleisch Fisch gegessen, um dem Essen von Fisch eine größere religiöse Bedeutung zu geben.
Besonders die Zisterzienser (Klöster Michaelstein, Walkenried und Riddagshausen) haben daher intensive Fischwirtschaft betrieben. In der Nähe dieser Klöster befinden sich heute noch umfangreiche Teichanlagen.
Heute ist es vorwiegend die Forelle, die aus den Zuchtgewässern des Harzes frisch auf den Tisch kommt.
Die Forellenzucht geht auf Max von der Borne (1826-1894) zurück. Er war der Erste, der deutsche Gewässer mit amerikanischen Regenbogenforellen und Schwarzbarschen besetzte. Er war auch der Erste, der die Regenbogenforelle in Europa gezüchtet hat. Auf seinem Rittergut in Berneuchen (heute polnisches Gebiet) entstanden 1870 die ersten Zuchtanlagen. In einer seiner Schriften beschreibt er den Vorteil der Harzer Gebirgsteiche und Bäche für die Aufzucht der Forellen. Insbesondere widmete er sich dem Projekt einer Fischzuchtanstalt zu Kloster Michaelstein in den vorhandenen Klosterteichen.
In den unteren Flußläufen des Harzes ist die Bachforelle durch technischen Eingriff vertrieben worden, so daß der Ankauf von Forellenbrut erforderlich wurde. 1862 übernahm Amtmann Dieckmann die Fischerei bei Kloster Michaelstein und baute 1881 mit Baumeister Brinckmann ein Bruthaus mit Brutapparaten. Zunächst galt die Züchtung dem Verkauf der Fische. Daraus entwickelte sich dann die große Central-Fischzuchtanstalt für die Gewässer des Harzes zur Gewinnung von Forelleneiern. »Nach meiner Ansicht giebt es in Deutschland keine zweite Fischzuchtanstalt, welche im Stande ist, aus eigenen Forellen eine so große Zahl von Eiern, und von so vortrefflicher Beschaffenheit alljährlich zu liefern, wie die zu Michaelstein.« (Max von dem Borne)

An historischer Stelle wird heute wieder durch das Unternehmen Fischzucht Zordel eine Fischzucht betrieben, mit gastronomischen Einrichtungen und Anglermöglichkeit.
Die Fischnahrung war im Harz nicht nur auf die Fastenzeit beschränkt. Immer am Freitag stand ein Fischgericht auf dem Tisch für die Grubenarbeiter, nach fünf Tagen Aufenthalt unter Tage.
Mit dem Christentum kam auch der Karpfen in den Harz, der für die Fastenzeit unentbehrlich wurde.

Fisch bringet nich veel upp'n Disch.

(Sprichwort)

Fische sind im Geschmack vielfältig, sie sind leichter verdaulich als Fleisch und versorgen uns mit Eiweiß, Vitaminen und Mineralstoffen wie andere Nahrungsmittel auch. Nur Seefische sind die einzigen Jodlieferanten und enthalten geringe Spuren an Furanfettsäuren mit antioxidativer Wirkung, sie sind effektive Radikalfänger. Oft sind Fische aber auch schwermetallbelastet.
Fische verderben leicht, darum ist beim Kauf unbedingt auf frische Ware zu achten. In der Zubereitung lassen sich Fische leicht variieren.
Im Harz galt der Karpfen als Hochzeitsspeise, ein Brauch, der auf den Fruchtbarkeitskult zurückgeht. Heute gehört er zum traditionellen Weihnachts- und Silvesterschmaus.

Silvesterkarpfen – Der Glücksbringer

1 Karpfen
250 ml Essig
Petersilienkartoffeln
Apfel-Sahne-Meerrettich
Salz und Pfeffer

Traditionell ist der Karpfen »blau«, weil er nicht geschuppt wird und die Schuppen im Aberglauben Geldsegen versprechen.
Zubereitung: Den Fisch, ausgenommen und gewaschen, zunächst von innen salzen und pfeffern; mit einer Tasse im Bauch den Fisch aufrecht auf die Pfanne setzen, den aufgekochten Essig über den Karpfen gießen, bis dieser blau anläuft, dann 1 Liter Salzwasser hinzugeben. Im Backofen bei 150 °C 40-50 Minuten garen. An den weißen Augen erkennt man, daß er gar ist.
Serviert wird mit Petersilienkartoffeln und Apfel-Sahne-Meerrettich.

Gefüllter Backfisch – Klosterrezept aus der »Karpfenstadt«

Die besten Karpfen Norddeutschlands kommen aus den ehemaligen Klosterteichen des Zisterzienserklosters »Reynevelde«, heute Reinfeld. Die Karpfen werden dort besonders delikat zubereitet.

Zubereitung: Den Fisch gesäubert innen mit Salz und Pfeffer einreiben; Spinat, Eidotter, Gewürze, Semmelmehl und Korinthen mischen und den Fisch damit füllen. Mit Fleischspießen schließen und im Bräter mit Wein begießen sowie großzügig mit Butter bepinseln, den Rest der Butter in den Bräter geben. Im vorgeheizten Backofen ohne Deckel 1 Stunde bei 200 °C braten, etwa alle 20 Minuten mit Fett übergießen.

Aus dem Wolfenbütteler Kochbuch von 1608

1 Karpfen
500 g gekochter, feingeschnittener Spinat
2 Eidotter
Je ¼ TL Salz und Zimt
1 Prise Zucker
30 g Semmelmehl
2 EL Korinthen
¼ Liter Weißwein
3 EL geschmolzene Butter
Salz, Pfeffer (frisch gemahlen)

Mandelforelle – Knusprig und lecker

Bei der Zubereitung sollte man mit Butter nicht sparen, denn diese Spezialität genießt man nicht alle Tage.

Zubereitung: Die Forellen unter fließendem Wasser innen und außen waschen und ausspülen, auf Küchenkrepp trocken tupfen, außen und innen mit Zitronensaft, Meersalz und Pfeffer kräftig würzen. In einer Schale das Ei verquirlen, das Mehl und die Mandelblättchen auf getrennten Tellern ausbreiten; die Forelle durch das Mehl, dann durch das verquirlte Ei ziehen und zuletzt durch die Mandelblättchen wälzen. In einer Pfanne scharf anbraten, dann wenden und auch die zweite Seite garen und bräunen. Die Temperatur sollte nicht zu niedrig gewählt werden, um ein Ankleben der Fischhaut zu vermeiden.
Bei zu hohen Temperaturen können die Mandelblättchen eher verbrennen.
Die Forellen heiß servieren und mit den Küchenkräutern beliebig garnieren.
Dazu passen kleine Kartoffeln oder Brot. Die Zitrone nicht vergessen!
Der Fisch kann auch nur in Mehl gewälzt gebraten werden; die Mandelblättchen, je nach persönlichem Geschmack separat goldbraun geröstet, auf die fertigen Forellen verteilen. Dieses Rezept ist für 2 Personen gedacht.

2 frische Forellen à etwa 300 g
Meersalz, Pfeffer, Zitronensaft
1 Ei
Frische Kräuter (Salbei, Kerbel, Petersilie oder Dill)
20 g (oder auch mehr) Mandelblätter
4 EL Butterschmalz
½ Zitrone

Kräuter-Forelle – Im Silber-Mantel

2 frische Forellen à etwa 300 g
1 Handvoll Kräuter (Petersilie, Thymian, Liebstöckel, Zitronenmelisse, Dill, Kerbel)
1 Scheibe frische Zitrone
Pfeffer, Salz

Zubereitung: Die Forellen ausnehmen, unter kaltem Wasser gut abspülen und mit Küchenkrepp trocken tupfen. Den Fisch mit den Kräuterzweigen füllen, die man später auch wieder entfernen kann. Mit Pfeffer und Salz würzen und auf eingeölter Alufolie anrichten. Die Folie mit genügend Luft verschließen und 10 Minuten bei 220 °C im vorgeheizten Backofen garen lassen. Nach dem Öffnen mit Zitronensaft beträufeln und heiß auf der Folie servieren.
Als Beilage wird gerne Brot gereicht.
Dieses Rezept ist für 2 Personen gedacht.

Zanderfilet – Eine Delikatesse aus den Harzgewässern

Zanderfilet
Thymian, Knoblauch
oder Zitronensaft
Salz

Zubereitung: Die Pfanne gut erhitzen, Öl hinzugeben und das Filet mit der Hautseite zuerst in die Pfanne legen. Die Hautseite leicht längs einritzen, der Fisch liegt dadurch flach in der Pfanne! Goldgelb braten, dabei den Fisch nicht ansetzen lassen. Nach einigen Minuten wenden, je nach Geschmack Thymian, Knoblauch oder etwas Zitronensaft zugeben und solange braten, bis auf beiden Seiten die gewünschte Farbe entstanden ist. Salz nicht vergessen.
Dazu wird Spinat oder Feldsalat gereicht.

Lachskoteletts mit Kräutersoße – Deftig und pikant

4 Lachskoteletts
3 hartgekochte Eier
1 Schalotte
Je 1 Bund Petersilie, Schnittlauch und Dill
3 EL Weinessig
1 EL mittelscharfer Senf

Zubereitung: Die Koteletts säubern, trockentupfen, vorsichtig salzen, mit Zitronensaft beträufeln und 15 Minuten ziehen lassen. Die hartgekochten Eier schälen, Dotter vom Eiweiß trennen, Eigelb durch ein Sieb streichen.
Das Eiweiß, die Schalotte und die Kräuter sehr fein hacken und mit dem Eigelb mischen (1 Petersilienzweig aufheben).
½ TL Salz im Essig auflösen, frisch gemahlenen Pfeffer großzügig dazugeben, den mittelscharfen Senf einrühren, nach und nach tropfenweise das Öl hinein-

3 EL Öl
¼ Liter trockenen Weißwein
Zitronensaft
1 Zwiebel
1 EL Zucker
Pfeffer und ½ TL Salz

rühren, bis sich eine schöne Soße gebildet hat; das Ei-Kräutergemisch unterrühren und pikant abschmecken.
Den Wein und die in Ringe geschnittene Zwiebel aufkochen, den Petersilienzweig zugeben, Zucker hinzu und den Sud 5 Minuten bei kleiner Hitze ziehen lassen. Die Lachsscheiben in dem Sud 5-10 Minuten ziehen lassen, bis sie gar sind. Dann vorsichtig mit dem Schaumlöffel aus dem Sud heben, abtropfen lassen und auf vorgewärmten Tellern anrichten, mit der Soße überziehen.
Dazu passen Salzkartoffeln mit zerlassener Butter und Petersilie.

Kochfisch mit Fliedermus

800 g weißes Fischfilet
(Seelachs, Zander, Pangasius)
Für den Sud: 2 Liter Wasser
6 cl 10%iger Essig
2 TL Salz
Piment- und Pfefferkörner
2 Lorbeerblätter
1 Zwiebel
1 TL Fliedermus
Für die Sauce: 30 g Butter
2 ½ EL Mehl
2 EL Kapern
1 Bd. Dill
Salz, Pfeffer, eine Prise Zucker

Zubereitung: Den Sud mit allen Zutaten aufkochen, Hitze reduzieren und das vorbereitete Filet hineingeben, bei schwacher Hitze 10-15 Minuten gar ziehen lassen, herausheben und warm stellen.
In einem zweiten Topf die Butter schmelzen, das Mehl darin glattrühren, mit etwas Fischsud ablöschen und nach und nach den Sud unter ständigem Rühren nachfüllen, bis eine cremige Sauce entsteht. Mit den übrigen Zutaten abschmecken, den Dill waschen und feingehackt unterrühren.
Wer es möchte, kann der Sauce noch Fliedermus hinzugeben, dann entsteht eine braune Sauce. Dieses Rezept ist für 4 Personen gedacht.
(Siehe auch Fliedermus »Zurück an die Wurzeln«, S. 114.)

Gast und Fisch
bleiben kaum drei Tage frisch.
(Sprichwort)

Heringssalat aus dem Harz – Eine Fastnachtsspeise

Der Hering, das Silber des Meeres, ist einer der Speisefische, der seit dem Mittelalter am meisten begehrt ist. Kein anderer Fisch hat eine so große wirtschaftliche Bedeutung gehabt. Bis ins 20. Jahrhundert war er noch so häufig, daß er als Arme-Leute-Essen galt. Heute sind die Bestände durch starke Befischung und ökologische Probleme in der Ostsee deutlich zurückgegangen. Er wurde zur Delikatesse.
Der grüne Hering, dessen Rücken stahlblau-grau oder grünlich schimmert, kann nur im Schwarm leben. Und in einem traditionellen Heringssalat ist er der Schwarm aller Hausfrauen. Der Hering ist ein fetter Speisefisch mit einem hohen Gehalt an ungesättigten Omega-3-Fettsäuren, und der Hering aus der Ostsee kann noch mit hohem Vitamin D-Gehalt aufwarten.
Dieser Salat aus Salzhering oder Matjes hat Tradition. Nach den ausgelassenen Tagen zuvor mußte mit »sauer und herzhaft« ernüchtert werden.
Je nach Region werden weitere Zutaten verwendet wie Kartoffeln, Rote Bete, Äpfel, Gewürzgurken, Sellerie, Zwiebeln, Dill oder eine Marinade.
Das Harzer Rezept, das sicher immer wieder verändert worden ist, enthält zusätzlich noch Fleisch oder eine Fleischwurst.
Zubereitung: Alle Zutaten werden in Würfel geschnitten; aus Öl, Wasser, Senf, Essig und den Gewürzen eine Marinade bereiten und unterheben.
Den Salat am besten einen Tag vor dem Servieren herstellen, damit alle Zutaten gut durchziehen.

3 gewässerte Heringe
250 g Kalbsbraten oder Fleischwurst
1 Gewürzgurke
1 süße Gurke
1-2 rohe Äpfel
2 gekochte Rote Bete
2 gekochte Kartoffeln
1 gehackte Zwiebel (kurz abgebrüht)
4 hartgekochte Eier
3 EL Öl
6 EL Wasser
2 EL Senf
6 EL Weinessig oder Zitronensaft
1 Prise Zucker
Dill, Pfeffer, Kapern, 1 Lorbeerblatt

UNSERE GABELBISSEN

Damit wir nicht »vom Fleisch fallen«

Der Harz war schon immer mit seinem Wildreichtum eine wichtige Nahrungsgrundlage. Die wichtigste Tierart war das Rotwild. Das »Fleisch in Wald und Flur«, das nur der Herrschaft gehörte, verführte den Hungrigen zum Wildern. Fleisch war früher Statussymbol, das ist es längst nicht mehr. Dann wurde es mit Wohlstand gleichgesetzt. Heute gilt es schon bei vielen als schlechte Gewohnheit.

Fleisch ist aber ein Stück Lebenskraft und seit jeher ein Grundnahrungsmittel. Es liefert wertvolles Eiweiß, Vitamine der B-Gruppe, Eisen und Zink. Aber je nach Art und Sorte sind auch Fett, Salz, Konservierungsstoffe und Antibiotika im Fleisch. Die Folge bei übermäßigem Fleischkonsum sind Zivilisationskrankheiten (Fettleibigkeit, Gicht, Herz-Kreislauf-Erkrankungen). Das sind einige der Gründe, warum viele Menschen auf Fleisch ganz verzichten und sich vegetarisch oder vegan ernähren.

Mageres Fleisch in ausgewogener Mischkost leistet einen besonderen Beitrag zur Versorgung mit den genannten Nährstoffen. Außerdem verbessert es die Aufnahme von Nährstoffen aus der pflanzlichen Kost. Fleisch ist also ein Resorptionsvermittler. Fleisch ist auch ein guter Proteinlieferant und enthält alle essentiellen Aminosäuren in richtigem Verhältnis zueinander. Aufgrund hoher Nährstoffdichte gibt es keinen Grund, auf Fleisch zu verzichten.

Wenn wir uns für Fleisch aus artgerechter natürlicher Tierhaltung möglichst aus der Region entscheiden, sind wir auf der sicheren Seite. Das Glück freilebender Tiere (Kühe, Schweine, Schafe, Ziegen, Hühner, Enten, Gänse) kann man dann auch schmecken! Freiheit und vielfältiges Futter geht ins Fleisch und in die Milch.

Die Empfehlung lautet, zwei- bis maximal dreimal Fleisch (500 g) pro Woche auf den Speiseplan zu setzen; Filet enthält am wenigsten Fett. Gebratenes Geflügel sollte möglichst ohne Haut verzehrt werden.

Empfehlenswert ist auch wechselnder Fleischverzehr von Tieren verschiedener Herkunft. Fleisch ist immer der Wurst vorzuziehen. Würstchen, Salami & Co. enthalten oft zu viel Kochsalz und Nitritsalze.

»Eine Sauce muß auf den Braten oder Fisch zugeschnitten sein
wie ein knapper Rock auf eine Frau.«

(Escoffier)

Hackus un Knieste – Ein uraltes typisches Harzer Gericht

Zubereitung: Die ungeschälten Kartoffeln gründlich reinigen, abtropfen lassen und längs halbieren oder vierteln, die Stücken auf ein gefettetes Blech setzen, die Schnittflächen mit Öl oder Butter bestreichen und mit Speck belegen sowie mit Salz, Kümmel und Pfeffer würzen. Bei 185-190 °C 30-40 Minuten garen, bis die Schale goldbraun ist. Die Knieste sollten heiß aufgetragen und gegessen werden.
Zu den Kniesten gehört ein Kloß »Hackus«.
Zubereitung: Gehacktes mit Zwiebeln, Pfeffer, Salz, Wacholderbeeren und Rosmarin kräftig würzen und auf einer Platte anrichten.
Dazu gehören kleine saure Gürkchen, Salzgurken oder grüner Salat.
Dieses Rezept ist für 4 Personen gedacht.

1,2 kg vorwiegend
festkochende Kartoffeln
Öl oder Butter
Räucherspeck in dünnen Scheiben
Gehacktes
Zwiebeln
Wacholderbeeren
Rosmarin
Kümmel, Pfeffer, Salz

Pellkartoffeln mit Schwärchenwurst – Typisch Nordharzvorland

Schwärchenwurst
Pellkartoffeln
1 Kopfsalat
1 Zitrone
1 kleine Zwiebel
(Frühlingszwiebel)
Semmelbrösel
Öl
Zucker, Salz

Die Schwarten, vorwiegend vom Schwein, wurden mit Zwiebeln, Lorbeerblatt, Piment, Pfefferkörnern gewürzt, dann durch den Fleischwolf gedreht und mit Hackepeter gemischt, zusätzlich mit Kümmel und Senfkörnern gewürzt. Eine Mehlschwitze mit etwas angebräunten Zwiebeln wurde mit Wasser aufgefüllt und die Schwartenmasse hinzugegeben und nach dem Aufkochen nochmals mit Salz abgeschmeckt, sie mußte dickflüssig sein.
Auf den Höfen war das früher ein schmackhaftes, einfaches und schnelles Sommeressen, weil in der Kartoffel-Kochzeit der Rest erledigt wurde – es ging kaum zügiger.
Heute findet man die Schwörekenworscht als Schwärchenwurst fertig bei einigen Fleischern oder Ladenschlachtern, die das noch können. Die Qualität ist aber unterschiedlich. Je nach Geschmack kann zusätzlich nachgewürzt werden.
Zubereitung: Pellkartoffeln aufsetzen. Kopfsalat waschen, kleinzupfen und in eine Schüssel geben. Eine Marinade aus Zitrone, etwas Wasser, einer sehr klein geschnittenen kleinen Zwiebel (gern auch einer Frühlingszwiebel), Zucker, ein wenig Salz und etwas Öl herstellen und über den Salat geben. Kurz verrühren, auf den Tisch damit.
Die Dose mit der Schwärchenwurst öffnen, Wurst in Stücken in eine Pfanne geben und auf dem Herd erwärmen, mit dem Holzlöffel kleindrücken, die Wurst wird wieder flüssig. Kurz aufkochen lassen, fertig.
Nach Belieben noch die Semmelbrösel dazugeben, das bindet das flüssige Fett und macht die Masse wieder sämiger.
Nun die Kartoffeln pellen, über die Kartoffeln die Wurst geben und den Salat in Portionsschalen. Zum Genießen die Kartoffeln etwas zerdrücken und mit der Wurst vermischen, dazu den Salat (oder auch eingelegte saure Gurken) essen – ein Gedicht!
Rezept von Detlef Vollheyde aus Weddingen

Rotwurst in Sauer – Das Schützenfestessen aus Westerhausen

Pro Person etwa 150 g frische Rotwurst
1 Messerspitze Zucker
Essig
Zwiebel
Petersilie
Salz, Pfeffer

Zubereitung: Scharfes Essigwasser herstellen und mit Salz und Pfeffer abschmecken. Dazu noch eine Messerspitze Zucker geben. Zwiebel und Petersilie hacken und unterrühren. Die Rotwurst in Würfel schneiden und mit der Soße übergießen. Die Wurst sollte von der Soße gut bedeckt sein. Eine Nacht zugedeckt an einem kühlen Ort ziehen lassen. Tags darauf noch etwas von der nicht eingezogenen Soße abgießen und wie einen Salat servieren.
Dazu können Weißbrotscheiben auf einem Teller serviert werden.
Ein Glas Bier dazu muß sein!
Altes Familienrezept aus Westerhausen

Gehacktesstippe – Einfacher geht's nicht

Gehacktes
Bratensoße
Zwiebel
Saure Gurke
Kümmel

Zubereitung: Gehacktes wird ohne Anbraten in einer Bratensoße gegart. Es wird in kleinen Klößchen oder nur zerpflückt in die heiße Pfanne gegeben. Dünne Scheibchen Zwiebel und saure Gurke verfeinern den Geschmack, mit Kümmel wird gewürzt.
Dazu werden Salzkartoffeln gereicht.

Blaubeer-Schmand-Schnitzel

4 Schweineschnitzel
250 g frische Blaubeeren oder 1 Packung Tiefkühl-Blaubeeren
50 g Schmand
Trockener Weißwein
2 TL grüne Pfefferkörner
200 g Bandnudeln

Der Name dieses Gerichtes mutet exotisch an, ist aber eine echte Harzer Kreation. Im Rahmen eines Harzrezept-Wettbewerbs der achtziger Jahre des 20. Jahrhunderts gewann es, von Kochlehrlingen aus dem Südharz kreiert, gegen die Wettbewerbsschöpfungen der Harzer Küchenmeister den ersten Preis und konnte sich bis heute auf den Harzer Speisekarten behaupten.
Zubereitung: Schnitzel klopfen, beide Seiten salzen und pfeffern und in sehr heißer Pfanne von beiden Seiten je 2 Minuten anbraten, bei geringer Hitze etwa 5 Minuten weiterbraten und mit dem Bratfett übergießen, aus der Pfanne

oder Salzkartoffeln
Nach Belieben 2 Gläser
Harzer Kräuterlikör
Salz, gemahlener Pfeffer

nehmen und warmstellen. Den Bratensatz in der Pfanne mit dem Wein loskochen, die gemahlenen Pfefferkörner und den Schmand einrühren, salzen und aufkochen lassen. Zuletzt die Blaubeeren mit nur wenig Saft hinzugeben und durchschwenken.
Auf vorgewärmten Tellern die Schnitzel mit der Schmandsoße überziehen und mit einigen Beeren verzieren. Die gekochten Bandnudeln, in einer Pfanne mit Butter durchgeschwenkt, neben dem Schnitzel anrichten.
Dieses Rezept ist für 4 Personen gedacht.

Harzer Schmalztopf aus Harsleben

1 kg grüner Speck vom Schwein
(muß beim Metzger
vorbestellt werden)
1 große Zwiebel
10 schwarze Pfefferkörner
Einige Lorbeerblätter
1 Prise Majoran

Zubereitung: Der grüne Speck kommt in einen schweren Schmortopf und muß bei kleiner bis mittlerer Hitze 30 Minuten ausbraten. Den ausgelassenen grünen Speck (also die Grieben) aus dem Topf nehmen, die Gewürze ins heiße Fett dazugeben, alles auf kleiner Flamme köcheln. Die Zwiebel klein schneiden und nach und nach hinzufügen. Wenn Zwiebel und Lorbeerblätter bräunen, müssen sie herausgenommen werden.
Das Schmalz im Topf abkühlen lassen und kaltstellen.
Rezept von Barbara Schumann aus Halberstadt

Wild – Vom Revier auf den Tisch

Wild ist nichts Alltägliches, es ist naturbelassen und aromatisch: Eigenschaften, die Wildbret auszeichnen.
Der Harz ist reich an Schwarz-, Rot- und Rehwild und bietet dem Jäger entsprechende Jagderfolge. Die Jagdküche hält für Sie Rezepte bereit. (Wildfleisch ist reich an Purinen. Wer an Gicht leidet, muß Purine meiden!)

Rehbraten nach Großmutters Art

Ca. 1 kg Rehfleisch, Schulter oder Rücken
3-5 Wacholderbeeren
2 EL Preiselbeerkompott
2 Karotten
2 Petersilienwurzeln
Petersiliengrün
½ Liter Gemüsebrühe
125 g Butter
Mehl nach Bedarf
Salz, Pfeffer

Zubereitung: Das Fleisch vorbereiten, eventuell vorhandene Häutchen entfernen, mit Salz und Pfeffer einreiben. In einer Pfanne mit etwas Fett rundherum anbraten. Das Bratenstück in einen feuerfesten Topf oder auf ein tiefes Backblech legen, das geschnittene Wurzelwerk mit dem Preiselbeerkompott, den Wacholderbeeren und der Petersilie hinzugeben. In der Backröhre bei Ober- und Unterhitze 180 °C braten, mit Wasser ablöschen und den ausgetretenen Saft immer wieder übergießen. Die Garzeit beträgt etwa 1,5 Stunden.
Den Bratenrückstand in ein hohes Gefäß gießen, die Wacholderbeeren herausschöpfen und den Saft pürieren, gegebenenfalls mit Brühe auffüllen. Mit Butter und Mehl läßt sich die Flüssigkeit bis zur gewünschten Konsistenz binden.
Die Soße kann mit Schmand, Rotwein, Pfeffer oder phantasievoll verfeinert werden.
Zum angerichteten Braten passen Knödel, Rotkraut oder Gemüse.

»Es ist besser ein Gericht Kraut mit Liebe,
denn ein gemästeter Ochse in Haß.«
(Sprüche 15,17)

Harzer Wildschweinbraten – Beerenstark

1,5 kg Wildschweinfleisch
2 Liter Buttermilch
125 g geräucherter Speck
2 Zwiebeln
1 Mohrrübe
3 EL saure Sahne
1 EL Johannisbeergelee
500 g frische Maronen
2 EL Butter
Preiselbeeren
Salz und Pfeffer

Zubereitung: Das Fleisch waschen, häuten und 2-3 Tage zum Marinieren in Buttermilch legen, täglich das Fleisch wenden, danach abtrocknen und mit etwas Meersalz einreiben. Den Speck auslassen und das Fleisch von allen Seiten anbraten.
Zum Schmoren etwas Wasser oder Brühe zugießen und Zwiebeln und die Mohrrübe mitschmoren. Die Garzeit beträgt 2 bis 3 Stunden, je nach Alter des Tieres.
Den Braten herausnehmen und auf einer Platte warmstellen, den Bratenfond mit dem Johannisbeergelee, der Sahne und Salz und Pfeffer abschmecken. Beliebte Beilagen sind die in Butter geschmorten Maronen oder auch Pilze, denn der Harz ist reich an Pilzarten. Auf keinen Fall dürfen Preiselbeeren und Salzkartoffeln zum Wildgericht fehlen.

Muffelrücken im Kartoffelmantel an Bärlauchsauce

800 g Muffelrücken
1,5 kg vorwiegend festkochende Kartoffeln
½ Liter Gemüsebrühe
100 ml trockener Weißwein
200 ml Rapsöl
2 Zwiebeln
2 Knoblauchzehen
1 ganzes Ei
1 Bund Bärlauch
1 Zweig Rosmarin
Butter
Mehl
Salz, Pfeffer

Die Muffel sind im Harz auf dem Rückzug. Dabei erreichte diese kleine Wildschafart, die am Beginn des 20. Jahrhunderts im Ostharz eingebürgert wurde, in ihren Hochzeiten eine Population von mehr als 1500 Tieren. Am Fleisch des Muffels ist besonders der leichte Kräutergeschmack sehr lecker.
Zubereitung: Muffelrücken waschen, trockentupfen und in 4 gleich große Stücke teilen. Mit Pfeffer und Salz würzen. In einer Pfanne Rapsöl hoch erhitzen und unter Zugabe von Rosmarin und zerdrückter Knoblauchzehe (mit Schale) kurz anschwenken. Den Muffelrücken von allen Seiten kurz scharf anbraten. Fleischstücken bei Seite legen und ruhen lassen.
Bratensatz mit Weißwein ablöschen und mit der Gemüsebrühe auffüllen. Auf ¾ reduzieren und mit einer Butter-Mehl-Schwitze sämig andicken.
Kartoffelmantel: Kartoffeln und Zwiebeln schälen und reiben. 2-3 Minuten beiseite stellen. Die sich absetzende Flüssigkeit abgießen. Danach 2 ganze Eier zu den Kartoffeln geben und mit Salz würzen. In einer Pfanne Rapsöl erhitzen

und 4 flache Kartoffelpuffer ausbracken. Die Muffelrücken in die Kartoffelpuffer wickeln und bei 140 °C ungefähr 10 Minuten im Backofen bei Ober- und Unterhitze auf einem Rost fertig garen.
Den gebunden Bratenfond erwärmen und mit feingehacktem Bärlauch (Bärlauch läßt sich auch einfrieren) versetzen.
Noch mal abschmecken. Dazu passen am besten Speckbohnen.
Dieses Rezept ist für 4 Personen gedacht.
Rezept von Katharina Fietz aus Gernrode

Rinderbraten vom Harzer Roten Höhenvieh

1,5 kg Rinderbraten
Scharfer Senf
125 g Speck
Butter
1 Zwiebel
1 Mohrrübe
1 Scheibe Knollen-Sellerie
Trockener Rotwein
Pfefferkörner
Lorbeerblatt
50 ml Sahne
Salz, Pfeffer

Die Harzkühe, das »Vollblut unter den Rindern«, waren schon zum Aussterben verurteilt, aber sie sind zurückgekehrt. Das Rote Höhenvieh sind anspruchslose robuste »Dreinutzungsrinder« (Milch-, Fleisch- und Zugleistung), über Jahrhunderte die Ernährer und Hausgenossen der Harzer. Der Rinderbraten ist eine alte Spezialität für ein Festessen.
Zubereitung: Das Fleisch waschen, trocken tupfen und mit Salz, Pfeffer würzen und mit scharfem Senf einstreichen. In einem Schmortopf Speck auslassen und Butter hinzufügen. In dem heißen Fett das Fleisch ringsherum kräftig bis zur Bräunung anbraten, zurückschalten. Eine Zwiebel vierteln, die Mohrrübe und die Scheibe Knollen-Sellerie klein geschnitten mit anschwitzen. Mit einem Schuß Rotwein ablöschen, den Wein einkochen lassen, reichlich Wasser zufügen und salzen.
Mit Pfefferkörnern und Lorbeerblatt bei 160-180 °C im Backofen schmoren, bis der Braten weich ist, ihn zwischendurch regelmäßig mit dem Sud übergießen. Den Bratensaft durch ein Sieb passieren, etwas einkochen und nach Wunsch mit etwas Sahne verfeinern.
Dazu Kartoffeln und Rotkohl reichen.

Harzer Martinsgans – Ein typisches Herbstessen

Der 11. November ist der Namenstag des heiligen Martin. Ihm zu Ehren finden heute noch Martinsumzüge statt. Eine Martinslegende berichtet, daß Gänse durch ihr Geschnatter den Martin verraten haben, der sich im Gänsestall versteckt hatte, um der Wahl zum Bischof zu entgehen.
Die Gans war aber auch die Währung des armen Mannes. Sie diente zur Zinszahlung des unfreien Bauern, die an »Martini« fällig wurde.
Die Gans hat man früher unterschiedlich gefüllt. Die Füllung brachte den besonderen Geschmack und war gleichzeitig eine köstliche sättigende Beilage.
Zubereitung: Die Gans innen und außen pfeffern und salzen. Äpfel und Brötchen, in Scheiben geschnitten, mit den übrigen Zutaten vermengen und durchkneten, die Gans damit füllen und zunähen. Mit Fett/Butter bestreichen. Beifuß-Gewürz beifügen und im Backofen bei 225 °C bräunen lassen. Zum Schmoren etwas Wasser zugießen und regelmäßig die Gans mit dem Sud übergießen. Überschüssiges Fett abschöpfen.
Die Gans wird am Brustbein tranchiert, um die Füllung entnehmen zu können. Der Gänsebraten wird mit Salzkartoffeln oder Klößen und Rotkohl serviert.

1 Gans
Beifuß-Gewürz
Salz und Pfeffer

Für die Füllung:
250 g Äpfel (am besten Booskop)
250 g Orangen
Vorher eingeweichte Backpflaumen
250 g gekochte
und gehackte Maronen
250 g gehackte Nüsse
100 g eingeweichte Rosinen
4 Brötchen
2 Eier
Butter
Salz, Pfeffer

Goslarsches Ragout – Ein wildes Gericht

Zubereitung: Das Fleisch in leicht gesalzenem Wasser mit dem geputzten Suppengrün garen.
Die Zwiebel in der Butter bräunen und mit dem eingestreuten Mehl weiter bräunen lassen, dann mit Brühe und Bier auffüllen. Das Fleisch und die gewürfelten Gurken in der Soße erhitzen.
Dazu reicht man Salzkartoffeln.
Rezept von Irene Diedrichs, Goslar

350 g Wildgulasch
20 g Butter
1 EL Mehl
1 Bund Suppengrün
(Möhre, Sellerie, Lauch)
1 kleine Tasse Fleischbrühe
⅛ Liter Süßbier (zum Beispiel
Pubarschknall)
1 Zwiebel
100 g Gewürzgurken

Geflügel – Federvieh aus artgerechter Harzer Haltung

Hühner sind in Klöstern auf unterschiedliche Weise zubereitet worden. In dem dreihundertjährigen deutschen Kochbuch, in einem Dominikanerkloster zu Leipzig als Manuskript aufgefunden, findet sich auch ein Rezept »Allerlei gebratene Hühner anzurichten«.
»Brate Hühner, Jung und Alt, und thue einen Löffel wolgesottene Zwetschken oder Kirschen in Wein oder Essig, laß das also aufsieden, treib es darnach durch ein Tuch oder Durchschlag, zergliedere die gebratenen Hühner, lege sie darein, würze sie mit Pfeffer, Nelken und ein wenig Saffran, dünkt dich das Sod zu sauer, so lege ein wenig Honig darein.«
Ein Rezept aus der Klosterküche des 18. Jahrhunderts ist ähnlich. Johannisbeeren, Zucker und Zimt werden in Weißwein gekocht und über das Huhn gegossen.

Kräuterhähnchen

1 Brathähnchen (1600 g)
oder Sonntags-Poularde
Je 3 EL Honig und Wasser
1 Knoblauchzehe
2 EL Butter
Rosmarin
Majoran
Reichlich Salz, Pfeffer

Für die Füllung frisch
geerntete Kräuter:
Salbei, Estragon,
Thymian, Beifuß,
Petersilie, Pimpinelle,
Majoran, Eberraute

Der Harzer liebt es anders. Für ihn sind die Kräuter charakteristisch, daher wird ein Kräuterhähnchen empfohlen.
Zubereitung: Die zerquetschte Knoblauchzehe mit der Butter verrühren. Das küchenfertige Hähnchen innen mit der Knoblauchbutter ausreiben, mit den Kräutern füllen und verschließen.
Außen mit Salz, Pfeffer, Rosmarin, Majoran einreiben. Auf einem Backblech mindestens eine Stunde im Backofen bei 180 °C backen, zwischendurch wenden und mit flüssiger Butter einpinseln. Dann mit dem in Wasser gelösten Honig einpinseln und nochmals ringsherum bräunen. Die Füllung wird entfernt, das Hähnchen tranchiert und zu Kartoffeln und Champignons serviert.
Viele Zuchtbetriebe im Harz haben sich auf Geflügel (Pute, Huhn, Hähnchen und Tauben) spezialisiert. In Hofläden oder auf Wochenmärkten kann man sie sogar lebend erwerben. Das Fleisch ist mager, zart und leicht bekömmlich.
Nicht unerwähnt soll der Broiler, das Grillhähnchen aus dem Osten Deutschlands, bleiben, der zur Erfolgsgeschichte der ehemaligen DDR gehört und zu einem schützenswerten Kulturgut geworden ist. Es ist seinerzeit eine eigene Hähnchensorte dafür gezüchtet worden.

REBE UND WEIN

»Wer genießen kann,
trinkt keinen Wein mehr,
sondern kostet Geheimnisse.«
(Salvador Dali)

Friedrich Hebbel meinte, Wein sei die edelste Verkörperung des Naturgeistes, gewonnen aus den süßen Trauben des Weinstocks. Diese eignen sich für süße Speisen und sind auch eine exquisite Ergänzung zu Pikantem.
Unter den Obstarten zählen Trauben zu den Süßspezialisten. Im Gegensatz zu anderen Früchten reifen Trauben nicht nach, sie werden also geerntet, wenn sie voll ausgereift sind.

»Dem Weinstock werden die Reben
im Herbst so furchtbar schwer,
und um zu überleben,
gibt er sie einfach wieder her.«
(Konstantin Wecker)

Wein ist ein Kulturgut, das im Abendland seit über 2000 Jahren gepflegt wird. Das mittelalterliche Erbe verdanken wir den Zisterziensermönchen aus Burgund, die Europa mit hunderten Abteien ihres Ordens überzogen und überall da, wo es möglich war, Weinberge anlegten. Sie verbreiteten so auch ihre burgundische Rebsorte Pinot noir.
Die Rebe muß immer »erzogen« werden, an Pfählen oder Drahtrahmen, man kann sie nicht sich selbst überlassen. Erforderlich sind auch Rebschnitt und Bodenbearbeitung. Die Kultur, die die Natur voraussetzt, vollendet sie. Der Rebenschnitt steht auch symbolisch für den göttlichen Winzer, so heißt es bei Joh. 15,2: »Jede Rebe, die keine Frucht bringt, schneidet er ab, und jede Rebe, die Frucht bringt, reinigt er, damit sie mehr Frucht bringt«.
Der Wein hat immer unterschiedliche Funktionen in der Gesellschaft, Religion, Medizin, Literatur und Musik erfüllt. »Der Wein ist unter den Getränken das nützlichste, unter den Arzneimitteln das süßeste.« (Plutarch) Er ist ein Geschenk der Sonne, der Erde und der Kunst des Menschen, ein Meisterwerk menschlicher Sensibilität.

Wer den Wein genießen will, muß sich also gedulden. Unrast und Eile verträgt der Wein nicht: Bevor wir ihn maßvoll genießen, will er angesehen und gerochen sein.

Drink Water, dann bliwwste bie Vorstand.

(Sprichwort)

Über Jahrhunderte ist er zu der Fülle heutiger Weinvarianten entwickelt worden – ein komplizierter, aber fröhlicher Geselle, der mit Zeremonie getrunken werden will, denn auch das Trinken ist eine Kunst. Seine vielen Aromastoffe machen es möglich, den Boden, die Traubensorte, die Sonneneinwirkung, den Jahrgang und spezielle Wachstumsbedingungen herauszuschmecken. Duftig, blumig, würzig, fruchtig und edel sind Vokabeln der Weinsprache.
Hermann Mostar reimte dazu:

»Oh, wär der Deutsche wie sein Wein,
persönlich, unterschiedlich,
mal mild, mal streng, mal derb, mal fein,
anregend, aber friedlich,
gehaltvoll, aber nicht zu schwer,
wenn rot, dann sanft und nicht zu sehr,
mit Feuer, doch nicht hitzig,
mit Säure, aber spritzig.«

Bis in das 17. Jahrhundert haben rings um den Harz Weinberge bestanden. Herzöge, Grafen, Bischöfe und Klöster hatten ihre eigenen Weinmeister. Auch die Städte beschäftigten Kellermeister.
Der Wein im Harz jedoch wird wegen des rauhen Klimas kaum die nötige Reife besessen haben. Literarischen Ruhm hat der Harzwein nicht ernten können. In einem Frühdruck von 1549 war zu lesen: »Der Wein ist theur und seltsam bey inen, aber bier sauffer seind es…« Bei festlichen Gelegenheiten wurde Wein in Adelskreisen getrunken und zum kirchlichen Gebrauch benötigt, aber ein Volksgetränk war er damals nicht.

Das einzige Harzer Weingut Kirmann in Westerhausen – ein kleines Familienunternehmen – gehört zum Anbaugebiet Saale-Unstrut. Die Einzellage »Westerhäuser Königstein« umfaßt die Flächen an der sonnigen Südseite des Königsteins, des Kamelfelsens, den Lästerberg sowie den Bornholz-Weinberg in Quedlinburg.

1995 ist der väterliche Hof des Winzers Kirmann zum Weingut mit Kellerei umgebaut worden und längst kein Geheimtip mehr. Mit Leib und Seele wird das Handwerk betrieben.
Das geschützte milde Klima, der lehmige Boden mit hohem Steinanteil und der gewollte niedrige Ertrag bringen mit Hilfe der Kunst des Winzers unverwechselbare Weine hervor. Aber alle Zusammenhänge zwischen Klima, Geologie, Rebsorte, dem Holz der Fässer und dem exakten Moment, auf den es dem Rebhüter bei der Arbeit ankommt, lassen sich nicht benennen, ein Stück Geheimnis bleibt.

Wenn wir den Wein recht gebrauchen, lernen wir zu feiern, zu teilen und ihn und das Leben zu genießen. Denn auch Hildegard von Bingen sprach aus Erfahrung: »Der Wein heilt und erfreut den Menschen mit seiner wohlwollenden Wirkung und großen Kraft.«

»Er hat mich zum Einsiedler und Bauern,
zum König, Dichter und Weisen gemacht,
doch ist es mit ihm wie mit allen christlichen Gaben
und Künsten – er will geliebt, gesucht, verstanden
und mit Mühe gewonnen sein.«

(Hermann Hesse)

KÄSE

Ein Geschenk der Götter

Auch Käse hat seine Geschichte, die weit zurückreicht. Die ältesten Überlieferungen sind bildliche Darstellungen vom Tempel der Lebensgöttin Ninchursag aus Mesopotamien ca. 3000 v. Chr. Sie zeigen Menschen, wie sie Tiere (Ziegen) melken und aus der Milch Käse herstellen.
Es wird vermutet, daß Käse ein Zufallsprodukt ist. Bei Opferzeremonien wurde den Göttern Milch dargebracht, die schnell durch Wärme und Milchsäurebakterien zu einer dicklichen Masse wurde – der erste Sauermilchkäse!
Viele Legenden ranken sich um die Entdeckung des Milchproduktes, das durch Reifung haltbar wurde.
Hippokrates als berühmtester Arzt der Antike verordnete Käse als Heilmittel. Ziegenkäse wurde wichtigstes Handelsgut der Griechen. Erstaunliche Fähigkeiten haben die Römer entwickelt. Bei Vergil (70-19 v. Chr.) läßt sich nachlesen: »Was frühmorgens gemolken und tagsüber, preßt man noch spät am Abend zu Quark, was im Dämmer gemolken bei sinkender Sonne, Früh geht's fort, im Käsekorb bringt's der Hirte in die Städte. Oder man salzt es ein wenig und hebt es auf für den Winter.« Es wurden harte und weiche Käse bekannt.

Nach dem Untergang des Römischen Reiches überlebte das Wissen bei den Klöstern, die die Vorschriften aufzeichneten und die sich im Mittelalter vorwiegend mit der Käseherstellung beschäftigten.
Käse war von Anfang an wie Brot ein alltägliches Nahrungsmittel, er kam zu allen Gelegenheiten auf den Tisch und war eine Selbstverständlichkeit. Daraus erklärt sich vielleicht, daß der Käse selbst im »Praktisches Kochbuch« von Henriette Davidis nicht zu finden ist.

Käse ist auch heute ein alltägliches Nahrungsmittel – wohlschmeckend, vitamin- und nährstoffreich – und nicht mehr vom Speiseplan wegzudenken, nur daß sich das Angebot vielfältig mit unterschiedlichsten Geschmacksrichtungen erweitert hat. Überall, wo es Milch gebende Tiere gibt (Ziegen, Schafe, Kühe, Büffel), werden Käse nach eigenen Rezepten hergestellt. Im Harz sind es vorwiegend die Roten Harzer Kühe und Ziegen – das Harzer Rote Höhenvieh.

»Harzer Käse«, ursprünglich aus dem nördlichen Harzvorland, wird heute vorwiegend außerhalb des Harzes hergestellt. Die runden Laibe »Harzer Roller« sind ein typischer Sauermilchkäse. Durch seine gelbe Farbe grenzt er sich von ähnlichen Sauermilchkäsen ab. Seine Reifezeit beträgt bis zu vier Wochen.

Die geschichtliche Entwicklung ist umstritten. 1580 wird ein »blauer Käse« erwähnt, der im 18. Jahrhundert zu den Volksnahrungsmitteln der Harzer gerechnet wurde. Früher ist er von Hausfrauen selber hergestellt worden.
Heute ist es ein ganzer Industriezweig, der den Harzer in verschiedenen Sorten in viele Länder verschickt. Er wird aus Magerquark der Kuhmilch hergestellt und ist ein Sauermilchkäse. Es ist die älteste deutsche Käsesorte und auch die einfachste Art, Milch über Quark in Käse zu verwandeln.
Die lange Tradition dieser Kultur wird im Harz von »Loose GmbH« in Vienenburg wiederentdeckt und lebendig gehalten. Angelehnt an überlieferte Rezepturen, gibt es seit Gründung 1921 den »Loose Harzbube«, als Handkäse und als Kümmelstange.

Eingelegter oder marinierter Harzer Käse

200 g Harzer Käse
1 EL zerstoßenen Kümmel
350 ml Raps- oder Olivenöl
Petersilie, Schnittlauch
und Frühlingszwiebeln

Zubereitung: Den Harzer Käse in dünnen Scheiben in eine flache Schüssel legen, zerstoßenen Kümmel zwischen die Scheiben streuen, das Öl darüber gießen und über Nacht zugedeckt im Kühlschrank durchziehen lassen. Vor dem Servieren Petersilie, Schnittlauch und Frühlingszwiebeln geschnitten darüber streuen. Damit sich das volle Aroma entfalten kann, sollte der Käse rechtzeitig vor dem Verzehr aus dem Kühlschrank genommen werden.

Harzer Käseaufstrich mit Kümmel

1 Lauchzwiebel
200 g Harzer Käse
4 EL Crème fraîche
2 EL Sauerrahm
1-2 EL Sahne
1-2 TL Kümmel
Salz, weißer Pfeffer

Zubereitung: Die Lauchzwiebel waschen, putzen und in feine Röllchen schneiden. Den Käse kleinwürfeln und in einer Schale mit der Crème fraîche, dem Sauerrahm und der Sahne vermengen. Mit Salz und Pfeffer abschmecken und mit Kümmel bestreut servieren.
Dieses Rezept ist für 4 Personen gedacht.

Harzer Käsebrot – Ein typisches Harzer Rezept

Schwarzbrot
Gänseschmalz
Zwiebelringe
Senf

Ein lukullisches Nationalgericht ist der Harzer auf Schwarzbrot mit Gänseschmalz, Zwiebelringen und Senf. Der Käse muß aber seine volle Reife, sein volles Bouquet entfaltet haben. Dann stinkt der Harzer nicht, sondern er »duftet«.

Verwechselt wird der Harzer oft mit Harzkäse, ein Süßmilchkäse oder Labkäse. Er wird im Harz in bäuerlicher Eigenproduktion hergestellt und über Hofverkauf vertrieben. Die Hofkäserei »Westerhäuser Käsehof« ist ein kleiner landwirtschaftlicher Familienbetrieb mit eigener Milchverarbeitung, der Bio-Käse von Roten Harzer Kühen und Roten Ziegen liebevoll handwerklich herstellt und längst kein Geheimtip mehr ist. Seine »Rote« Ziegenherde ist im Harz außerdem die einzige freilaufende, die auch besonders gehütet und behütet wird, um sie vor dem Aussterben zu bewahren.
Über den Hofladen in Westerhausen und Harzer Wochenmärkte wird die saisonbedingte Auswahl von sechs bis zu vierzehn Sorten mild oder würzig als Weich- und Schnittkäse angeboten. Ziegenkäse hat einen unverwechselbaren Geschmack und paßt zu herzhaften, aber besonders zu pikant süßen Rezepturen mit Früchten wie Feigen oder Äpfeln.

Harzer Ziegenkäse auf Salat – Buntenböcker Käsetaler

Ziegenkäsetaler
Grüner Blattsalat oder Rucola
Frühlingskräuter
Geriebener Emmentaler
1 EL Butter
Knoblauchzehen
Pinienkerne
Pflanzenöl
Essig
Senf
Salz, Pfeffer

Der Name geht auf Buntenbock bei Clausthal-Zellerfeld zurück, weil dort große Ziegenfarmen entstanden und sich entsprechend Käsespezialitäten entwickelt haben.
Zubereitung: Aus Öl, Essig, zerquetschter Knoblauchzehe, Senf, Salz und etwas Zucker ein Dressing anfertigen.
Die Frühlingskräuter (Bärlauch, Löwenzahn, Zitronenmelisse, Petersilie und Schnittlauch) mit Pinienkernen, Emmentaler Käse und Knoblauch pürieren und dabei vorsichtig Öl hinzufügen, bis die Masse cremig wird. Mit Salz und Pfeffer abschmecken. Reis kochen, mit restlichem Käse, Butter und gehackten Kräutern anrichten und über eine Tasse in die Tellermitte stürzen. Salatblätter ringsherum legen, mit Dressing beträufeln und 4 bis 5 Käsetaler, mit der Kräuterpaste bestrichen, um den Reis legen.

Überbackener Ziegenkäse – Ein Potpourri der Aromen

Zubereitung: Die Pinienkerne ohne Fett in einer Pfanne rösten. Die Äpfel in etwa 1,5 cm dicke Scheiben schneiden, dabei das Kerngehäuse entfernen. Die Apfelscheiben in eine gefettete Form legen und jeweils eine Scheibe Ziegenkäse obenauf legen. Im auf 225 °C vorgeheiztem Ofen ca. 15-20 Minuten überbacken, bis der Käse goldgelb ist.
Die gewaschenen Rucola-Blätter auf 4 Tellern verteilen, den überbackenen Käse darauf anrichten.
Den Honig, die Butter und Balsamico in der noch warmen Form verrühren und als Sauce den Käse überziehen. Dann die Pinienkerne darüber streuen. Der Honig entwickelt dabei noch seinen Eigengeschmack.
Dieses Rezept ist für 4 Personen gedacht.

2 EL Pinienkerne
2 große Äpfel
4 Scheiben Ziegenfrischkäse
(1 cm dick geschnitten)
Einige Blätter Rucola
1 EL Honig
1 EL Butter
½ Eßlöffel Balsamico
1 Prise Salz

Der Harz verfügt über zahlreiche Hobby-Imker, die nach ökologischen Gesichtspunkten Honig herstellen. Im Vergleich zum konventionellen ist immer der Bio-Honig und solcher aus der eigenen Region zu bevorzugen. Das Risiko, daß Pestizid-Rückstände enthalten sind, ist bei Bio-Produkten am geringsten.
Gegenüber importiertem Honig, der unter Umständen auch Pollen von genetisch veränderten Pflanzen enthalten kann, ist Honig aus Deutschland ein streng kontrolliertes Lebensmittel mit hohen Qualitätsansprüchen.

»Ist der Leib in guter Ruh,
schließt der Käse den Magen zu.«
(Plinius)

GEBÄCK UND DESSERT

Bitte sehr!

Süßspeisen als Dessert werden als Nachtisch warm oder kalt gereicht. Leichte Fruchtdesserts mit frischen Beeren sind im Sommer besonders willkommen. Im Winter ist gekochtes Obst als Kompott oder Quark mit Früchten oder Fruchtmus die einfachste Nachspeise.
Cremespeisen, Gelees und Puddings wären die feineren Varianten.

Welfenspeise – Eine zweischichtige Süßspeise

4 EL Speisestärke
1 Vanilleschote oder
2 Päckchen Vanillinzucker
500 ml kalte Milch
3 Eier
2 EL Zucker
250 ml Weißwein,
1 EL Zitronensaft

Ein Koch aus Hannover hat sich von den Farben des Adelsgeschlechtes der Welfen (weiß/gelb) inspirieren lassen. Die Welfenspeise stieg in Niedersachsen zur kulinarischen Spezialität auf und wurde auch im Harz als leckere Nachspeise zubereitet. Inzwischen gibt es eine ganze Reihe verschiedener Rezepturen.
Zubereitung: Die Speisestärke, das Mark der Vanilleschote oder den Vanillinzucker mit 6 EL Milch anrühren. Die restliche Milch zum Kochen bringen, die angerührte Stärke einrühren und nochmals aufkochen lassen. Zwei Eier trennen, das Eiweiß aufschlagen und unter die Creme heben, dazu den Topf von der Kochplatte nehmen. Dann die Masse in Dessertgläser füllen, bis diese halb voll sind.
Für die Weincreme werden nun benötigt: das restliche Eigelb, das dritte Ei, 1 EL Speisestärke und 1 EL Zitronensaft, Zucker und Weißwein.
Alle Zutaten in eine Schüssel, in ein heißes Wasserbad gestellt, geben und mit dem Mixer etwa 3 Minuten zu einer Creme aufschlagen. Diese gelbe Masse auf die Gläser verteilen und mindestens für eine Stunde in den Kühlschrank stellen, kalt servieren. Mit Schokoblättchen kann noch dekoriert werden.

Äpfel in Rotweingelee – Eine kalte Köstlichkeit

500 g geschälte
und geviertelte säuerliche Äpfel
ohne Kerngehäuse
½ Liter Rotwein
200 g Zucker
Rote Gelatine
Unbehandelte Zitrone, Zimt

Eine Nachspeise aus der Sammlung von Wilhelmine Bothe.
Zubereitung: Die Äpfel mit dem Wein, dem Zimt und einem Zitronenviertel aufkochen, die Apfelstücke garen, ohne daß sie zerfallen, sie dann herausheben und in eine Glasschale legen.
Die Gelatine in der heißen Flüssigkeit lösen, die dann so über die Apfelstücke gegossen wird, bis dieselben gut bedeckt sind. Kalt werden lassen und mit Schlagsahne servieren.

Rote Grütze – Ein typisches Dessert auch für den Harz

1,5 kg Früchte wie
Johannisbeeren, Himbeeren,
Erdbeeren, Kirschen
300 g Sago
400 g Zucker
Zitronensaft
Zimt

Auch dieses Rezept stammt von Wilhelmine Bothe. Sie kochte sie mit Sago, andere Rezepte geben Grieß oder Stärke an.
Zubereitung: Die Hälfte der Früchte in wenig Wasser weichkochen, durch ein Sieb streichen und den Saft auffangen. Im Saft den Zucker auflösen, den Sago darin kochen, bis der Saft dickflüssig wird. Mit Zitronensaft und einer Prise Zimt abschmecken.
Die andere Hälfte Obst waschen, putzen und unter die heiße Grütze rühren. In einer Glasschüssel abkühlen lassen. Mit Vanillesoße oder Sahne servieren.

Pudding von Sahne aus Urgroßmutters Zeiten

10 EL Weizenmehl
450 ml Sahne oder Milch
10 Eier
Puderzucker
125 g Butter
Auf Zucker abgeriebene
Zitronenschale

Aus einem Kochbuch von 1804: »Nimm hinzu Weizenmehl, ungefähr 10 Löffel voll und ein Nößel Sahne, oder auch nur gute Milch; rühre 5 Eyerdotter und 5 ganze Eyer ab, gestoßenen Zucker und auf Zucker abgeriebene Zitronenschale dazu. Sodann rühre alles dies langsam zusammen. Streiche eine Serviette mit 1 Viertelpfund Butter aus; binde die Masse hinein und koche den Pudding eine Stunde. Dieser Pudding ist mit wenig Mühe zu machen und eine gute Speise. Er kann mit einer Weinsoße oder mit anderer Brühe gegeben werden.«

HACKUS KNIESTE & RUNX MUNX

Harzburger Eierkuchenspeise – Für Leckermäulchen

2 Eier
125 ml Sahne
3 gestrichene EL Mehl
1 Prise Zucker
80 g Makronenplätzchen
1 Vanillinzucker
5 EL Sahne
2 EL Zucker
125 ml Kirschsaft
250 g gekochte, abgetropfte Kirschen
Butter zum Backen

Zubereitung: Zuerst Eigelb, Sahne, Milch und Mehl gut verrühren.
Eiweiß mit Zucker zu Schnee schlagen und darunterheben, daraus in der Pfanne 4 Eierkuchen ausbacken.
Diese dann mit Kirschen füllen, zusammenrollen und in eine gefettete Auflaufform legen. Die Makronenplätzchen zerdrücken und mit Zucker, Vanillinzucker, Kirschsaft und Sahne zu einer cremigen Masse verrühren, die über die Eierkuchen gegossen wird. Das Ganze im Ofen überbacken und dann?
Einfach genießen.
Dieses Rezept ist für 2 Personen gedacht.

Gebäck und Kuchen zählen zu den feinen Backwaren, die nachmittags zum Kaffee, zum Sonntag oder zu Geburtstagen und anderen besonderen Anlässen gebacken werden. Auch sie können als Dessert gereicht werden.
Im Harz war es üblich, vor den Feiertagen mit der großen Kaukenschöttel zum Bäcker in die Backstube zu gehen, um den zu Hause vorbereiteten Hefeteig ausrollen und auf Bleche verteilen zu lassen. Dazu mußte zunächst ein Hefekloß mit Milch und Zucker im Mehlbett angesetzt werden, um ihn in der warmen Küche »gehen zu lassen«. Bevor er zum Bäcker kam, mußte er mit allen erforderlichen Zutaten durchgeknetet werden und danach noch einmal gehen.
Beliebt waren der »Zuckerkuchen« und der »Stippekauken«. Auf den ersteren kamen noch Butterflöckchen und Zucker, Stippekauken blieb ohne Belag, aber mit etwas Zimt oder Zitronenschale und durfte nicht sofort gegessen werden, er mußte trocknen, um ihn dann in Kaffee einstippen zu können. Erst dann konnten sich die Aromen im Gebäck entwickeln.
Mit einer Kaukendrage auf dem Rücken oder auf einem Lattenrost trug die Familie den Kuchen stolz nach Hause.
In Blechkästen wurde ein Vorrat aufbewahrt bis zum nächsten Feiertag.

Instippen maket Früntschop.

(Sprichwort)

Antiker Käsekuchen nach Cato

Mit Hefe konnten schon die Römer backen. Statt Butter verwendeten sie Öl. Cato (234-149 v. Chr.), – ein römischer Staatsmann – beschrieb in »de agri cultura 84« (Die römische Landwirtschaft) einen Kuchen, der unserem Käsekuchen gleichkommt.

Zubereitung: Alle Zutaten außer Mohn mischen und mit dem Rührgerät kräftig zusammenrühren. Den Teig in eine mit Olivenöl ausgepinselte Springform geben. Im Backofen bei 150 °C (Umluft) etwa 50 Minuten backen, dann mit Honig bestreichen, Mohn aufstreuen und nochmals für 10 Minuten in den Ofen zurückschieben. Gesamtbackzeit etwa 1 Stunde.
Ein Versuch lohnt sich!

160 g Weizenmehl
800 g Frischkäse aus Kuhmilch
3 EL Honig
1 Ei
Etwas Mohn

Zitronenbrezel – Ein altes Klosterrezept zum Martinstag

Am Martinstag (11.11.) ziehen Kinder mit Laternen durch die Straßen, oft wird auch das Martinssingen praktiziert, bei dem die Kinder von Haus zu Haus ziehen und sich die Zitronenbrezeln oder andere Süßigkeiten erbitten – es sind die Heischegänge.

Zubereitung: Butter, Zucker und Eigelb schaumig schlagen und die übrigen Zutaten hinzugeben, einen Knetteig bereiten, 30 Minuten kaltstellen, eine dünne Rolle formen, etwa 15 cm lange Stücke zu Brezeln formen, auf einem gefetteten Backblech bei 200 °C 15 Minuten hellgelb backen. Nach Wunsch mit Puderzucker bestreuen oder mit einer Glasur aus 150 g Puderzucker und 2 EL Zitronensaft überziehen.

125 g Butter
125 g Zucker
2 Eigelb
1 unbehandelte Zitrone
(Schale und Saft)
150 g Mehl
50 g Stärkemehl

Sulf oder Sülf – Ein raffiniertes Rezept

Sulf ist eine regionale Harzer Bezeichnung für einen Kuchenguß, ursprünglich mit Grieß für Obst-, Mohn- und Quarkkuchen, damit der Kuchen saftig bleibt.
Zubereitung: Zuerst wird der Grieß zubereitet. Zu diesem Zweck die Milch mit der Zitronenschale, Salz und 40 g Zucker aufkochen und den Grieß unter Rühren einrieseln und ausquellen lassen.
Die Butter, die restlichen 40 g Zucker, Eigelb und Schmand cremig rühren und unter den abgekühlten Grießbrei heben, zuletzt den steifen Eischnee unterziehen. Diese Masse auf den Kuchen streichen und an einem warmen Ort ruhen lassen, bevor der Kuchen in den Backofen kommt.

½ Liter Milch
100 g Grieß
50 g Butter
80 g Zucker
6 Eier
Zitronenschale
200 g Schmand
oder saure Sahne
1 Prise Salz

Kirschkauken mit Sulf

Zubereitung: Den Hefeteig auf dem Blech dünn ausrollen und mit den Kirschen belegen, mit dem Sulf bedecken und goldbraun abbacken.
Anstelle der Kirschen kann auch Rhabarber genommen werden.
»Rhabarberkauken hört taur Freuhjahrstied.« Das meinte früher die Großmutter.

Hefeteig
1 kg abgetropfte, gekochte,
entsteinte und gezuckerte
Sauerkirschen
Sulf als Überzugsmasse

Zwiebelkuchen mit Sulf aus Westerhausen

Zubereitung: Hefestück: Hefe mit 2 EL Zucker und etwas Mehl und angewärmter Milch verrühren und aufgehen lassen.
Dann alles unterarbeiten und nicht zu fest kneten, in der Schüssel etwa 1 Stunde aufgehen lassen, dann erneut durchwalken und auf die Bleche ausbreiten und nochmals aufgehen lassen (die Zutaten müssen zimmerwarm sein).
Pro Blech benötigt man etwa 800 g Teig. 200 g Speckwürfel mit untermengen.

Für den Teig:
½ Liter Milch
350 g Fett
250 g Zucker
Zitrone, Rum
1 Würfel Hefe (42 g)
Ca. 1250 g Mehl
400 g Speckwürfel

Zutaten für Sulf:
Pro Blech 1 Liter Milch
4 Eier, 4 EL Zucker
1 Päckchen Puddingpulver
1 ½ EL Mehl
10 große Zwiebeln

Zubereitung Sulf: Die Eigelbe in der Milch verrühren, mit dem Pudding und dem Mehl andicken, das Eiweiß schlagen und unterrühren, alles auf dem Kuchen verteilen. Abschließend 5 große Zwiebeln pro Blech hacken und auf dem Sulf verteilen.
Für einen Speckkuchen nimmt man anstelle der Zwiebeln etwa 800 g Speck.
Das Rezept ergibt 2 Bleche.

Omas Waffeln – Mit Herz und Zimt

200 g Mehl
4 Eier
70 g weiche Butter
80 g Zucker
Je 125 ml Wasser und Weißwein
1 EL süße Sahne
1 TL Zimt
1 Messerspitze Backpulver
1 Prise Salz

Waffeleisen, die zu Omas Zeiten in jedem Haushalt vorhanden waren, sind vorbei. Heute sind sie elektrisch zu betreiben, aber jedes Eisen bäckt anders. Auch die Rezepte sind heute unterschiedlich. Zimtwaffeln haben eine lange Tradition und sollen darum hier nicht vergessen werden.
Zubereitung: Butter, Zucker und Eigelb schaumig rühren; Mehl, Salz und Backpulver mit dem Zimt vermischen. Lieblichen Weißwein und Wasser zusammen dazugeben. Danach die Eigelbmasse darunterheben.
Eiweiße zu Schnee schlagen und vorsichtig unterheben.
Im vorgeheizten Waffeleisen ausbacken.

Umgedrehte Apfeltorte

120 g Butter
200 g Zucker
2 Eier
100 g Kartoffelstärke
80 g Mehl
75 g Mandeln oder Nüsse
3 gestrichene Teelöffel Backpulver
Äpfel

Zubereitung: Den Boden einer Springform mit Backpapier auslegen, 40 g flüssige Butter darauf gießen, mit 70 g Zucker überstreuen, mit Apfelscheiben auslegen und mit den gehackten Mandeln oder Nüssen bestreuen. Aus den übrigen Zutaten einen Teig rühren, auf die Äpfel füllen und die Torte bei mittlerer Hitze etwa 1 Stunde backen. Danach den Kuchen etwas abkühlen lassen, den Rand lösen und umgedreht auf eine Platte legen. Papier abnehmen; mit Schlagsahne servieren.
Durch das umgedrehte Backen wird der Teig herrlich knusprig.
Etwas Puderzucker auf den Äpfeln krönt diese Torte.

Harzer Prilleken – Das Fastnachtsgebäck

750 g Mehl
250 g geschmolzene Butter
100 g Zucker
¼ Liter lauwarme Milch
3 Eier
70 g frische Hefe
1 unbehandelte Zitrone
Salz

Diese welfische Spezialität war besonders bei Kindern beliebt, die sie sich in der Fastnacht an Haustüren erbettelten.
Zubereitung: Alle Zutaten werden in einer angewärmten Schüssel zu einem Teig kräftig aufgeschlagen, übereinander und wieder zusammengeknetet und an einem warmen Ort zugedeckt. 1 ½ Stunden gehen lassen.
Aus gleichgroßen Teigstückchen Kränzchen formen, nochmals aufgehen lassen und in einem großen Topf in reichlich Fett (Schmalz, Öl) goldbraun backen, heiß mit Zimt und Zucker bestreuen und warm verzehren.

Zu Faselabend (Fastnacht) *mott man*
den Kummer ut'n Huse backen.
(Sprichwort)

Mooskuchen

Zutaten für den Teig:
300 g Mehl
150 g Zucker
150 g Butter
¼ Liter Sahne
6 Eigelb
1 Backpulver
2 EL Kakao
Zutaten für den Belag:
6 Eiweiß
6 EL Puderzucker
200 g Hartfett
Gemahlener Bohnenkaffee

Zubereitung: Butter und Zucker schaumig rühren, saure Sahne und Eigelb zufügen, Mehl und Kakao unterrühren. Den Teig auf ein gefettetes Backblech geben. Etwa 40 Minuten bei Stufe 3 (Gasherd) backen.
Für den Belag Eiweiß mit Puderzucker steif schlagen. Das Hartfett weich werden lassen und unterrühren, auf den Kuchen streichen und mit dem Kaffee bestreuen, der sich später grün verfärbt.
Rezept von Heike Klinkerfuß, Neuwerk

Kolatschen – Ein feines Kaffeegebäck

Kolatschen sind eigentlich ein österreichisches Hefegebäck. In Westerhausen ist wohl unter dem Namen ein eigenes Rezept entstanden.
Zubereitung: Man rührt die Butter zu Sahne. Dazu gibt man die ganzen Eier und Dotter, den Zucker, das Mehl und den Zitronenabrieb sowie die Rosinen. Alles wird tüchtig durcheinander gerührt, kleine Häufchen geformt, auf ein mit Backpapier ausgelegtes Blech gesetzt und mit Mandeln bestreut.
Bei gelinder Hitze backen.

250 g Butter
8 Eier
250 g Zucker
250 g Mehl
Abrieb einer Zitrone
Eine Handvoll Rosinen
Mandeln zum Bestreuen

Kröppel – Ein Erntegebäck aus Westerhausen

Eine mundartlich veränderte Bezeichnung für Kröpel, eine Spezialität der Insel Fehmarn, die traditionell zur Ernte gebacken wird. Original sind es süße Hefekugeln, in Fett gebacken.
Die Westerhäuser entwickelten eine eigene Rezeptur.
Zubereitung: Alle Zutaten zu einem Teig kneten, dann 5 mm dick ausrollen, in gewünschte Formen schneiden und in Fett ausbacken.

100 g Butter
150 g Zucker
4 Eier
¼ Liter Milch
Mehl
1 ½ Backpulver
Rum, Zitrone

Salbeigebäck – Nimmt Druck vom Magen weg

Zubereitung: Aus diesen Zutaten wird ein Knetteig hergestellt. Vorher müssen die Salbeiblätter fein zerkleinert werden. Den Teig im Kühlschrank 1 Stunde ruhen lassen, kleine Plätzchen formen und bei 180 °C etwa 10-12 Minuten backen. Schmeckt zu Tee, Wein und anderen Getränken.

400 g Dinkelvollkornmehl
4 TL Weinsteinbackpulver
100 g Butter
1 Ei
3 EL Sauerrahm
3 EL Wasser
1 TL Fenchel oder Kardamom
Ca. 10-20 frische Salbeiblätter
1 Prise Salz

Pflaumenmus – Eine beliebte Backzutat

Dat Mauskaaken nach Gefühl und Erfahrung: Im Oktober wurde im gesamten Harz auch Pflaumenmus gekocht. Vor 1906 wurden die Pflaumen nicht entsteint, sondern im großen kupfernen Waschkessel vorgekocht, dann mit einem »Wisch« (Reisigbesen) oder der »Muskrücke« durch das Mussieb über einer Wanne oder einem Faß gerührt.
»Die ›Muskrücke‹, ein rechtwinkliger Galgen aus Holz, ermöglichte das Rühren des kochenden Mus', ohne daß man dem Kessel zu nahe kam. Ebenso dienten ›Mushändsche‹ (Handschuhe) zum Schutz, wenn das heiße Mus spritzte.« (Jahrbuch der Berliner Morgenzeitung, 1908)
Das Sieb war ein rechteckiger Holzrahmen mit Maschendraht. Die durchgerührte Masse füllte man in den mit Butter eingefetteten Kupferkessel, um das Anbrennen zu vermeiden. Mit der Musrühre mußte ständig gerührt werden. Als Gewürz kamen noch grüne Walnüsse, Zimt, Muskat hinzu und einige Pflaumen mit Steinen.
Damit das Mus eine schöne Farbe bekam, gab man noch Holunderbeeren, auch als »Käsken« bezeichnet, hinzu. Das Muskochen beanspruchte den ganzen Tag, bis die Masse die richtige steife Konsistenz hatte und um in Gläser oder Steintöpfe gefüllt zu werden.
Nach 1920 verwendete man entkernte Pflaumen, dadurch verkürzte sich der Vorgang und madige Früchte konnten ausgesondert werden.
Das Mus ist ein schmackhafter Brotaufstrich und eine köstliche Backzutat.

3 kg Zwetschen
750 g Zucker
1 Messerspitze gemahlene Nelken
1 EL Zimt
Rum

Heute kocht sich die Hausfrau zu Hause das Pflaumenmus im Backofen für den eigenen Bedarf.
Zubereitung: Die entsteinten Pflaumen in Stücke schneiden, im eigenen Saft unter Rühren etwas weichkochen und mit dem Rührstab weiter zerkleinern, die Gewürze hinzugeben und die Masse in die tiefe Ofenpfanne füllen.
200 g Zucker mit einem Holzlöffel unterrühren und im vorgeheizten Backofen bei 170 °C ohne weiteres Rühren 30 Minuten garen lassen; danach weitere 200 g Zucker unterrühren und nochmals 30 Minuten ohne Rühren garen lassen.

Nach Zugabe des Restzuckers ohne Rühren im Ofen etwa 1 Stunde einkochen lassen.

Mit einem Heller kann man kein gut Mus kochen.
(Sprichwort)

Stock-Kuchen – »Schillerlocken« aus dem offenen Feuer

Zubereitung: Aus den Zutaten einen Hefeteig bereiten. Das Teigstück dünn ausrollen, in Streifen schneiden (etwa 2,5 cm x 25 cm) und wie »Schillerlocken« um Stockenden wickeln. Über der Gluthitze drehen und dabei backen.
Vom Stock nehmen und in Puderzucker wälzen.
Rezept von Gerda Herbst aus Großalsleben

1 kg Mehl
½ Liter Milch
250 g Butter
250 g Zucker
1 Würfel Frischhefe
2 Vanillinzucker
Abrieb einer Zitrone
2 Eier
Puderzucker
1 Prise Salz

KAFFEE, TEE UND SCHOKOLADE

Verführerischer Genuß

»Wer verstehen will, daß Speise und Trank auch auf die Entwicklung der Geister einzuwirken vermögen, der erwäge einmal, welch ein Wandel durch die Einführung von Kaffee, Tee und Schokolade vollzogen worden ist... Da wurden aus dem Osten diese drei feinen Getränke gebracht, und nun ergab sich ein zierliches Gesellschaftsleben... um die Tassen aus Porzellan.« (Victor Auburtin 1870-1928).

Der Kaffee – Die Primadonna der Getränke oder ein Alleskönner

Bei der Verbreitung dieser Heißgetränke spielte der Harz keine große Rolle. Sie kamen fast gleichzeitig aus verschiedenen Erdteilen zunächst als kostbare Arzneien nach Mitteleuropa, wurden dann Luxusgenuß der Oberschicht noch bis in die erste Hälfte des 19. Jahrhunderts.

»Dieser Satanstrank ist so köstlich,
daß es eine Schande wäre,
ihn den Ungläubigen zu überlassen.«
(Papst Clemens VII.)

Im Ursprungsland sind die Kirschen des Kaffeestrauches zunächst roh verzehrt worden. Einer Legende nach sollen die Kaffeesamen zufällig in ein Feuer gefallen sein, Duft und Aroma des zweigeteilten Kirschkerns, der Bohne, wurden entdeckt. Mönche aus Äthiopien begannen die Bohnen zu rösten, zu zerkleinern und mit heißem Wasser das schwarze Getränk zu zaubern. Von Äthiopien gelangte das Geheimnis der Bohne nach Arabien.

Kaffeebohnen – heiß geliebt, verboten und verteidigt – wurden schwarz gehandelt. Aber bald gerieten alle in den Bann des wachhaltenden Getränks. So nutzte Voltaire ihn heiß wie die Hölle, süß wie die Sünde und schwarz wie die Nacht bereits zum Frühstück. Müdigkeit und Schlaf wurden vertrieben, so daß der Kaffee schnell das Getränk der Philosophen und Intellektuellen wurde – ein Aufputschmittel für die geistige Elite bei nächtlichen Diskussionen. Er vertrieb aber auch Kopfschmerzen und Kummer. Der Kaffee begann seinen Platz neben den herkömmlichen Getränken Wein und Bier zu erobern.

Das erste deutsche Kaffeehaus wurde 1673 in Bremen eröffnet.

Für Frauen, die weinen, wenn sie ohne Kaffee sind, brach Johann Sebastian Bach 1734 nach Texten von Picander mit seiner Kaffeekantate eine Lanze. Er begegnete der Kritik am lasterhaften Kaffeekonsum mit Humor – ein vergnügliches Stück, das vermutlich in Zimmermanns Kaffeehaus zu Leipzig zur Erstaufführung kam.

»C A F F E E, trink nicht so viel Caffee!
Nicht für Kinder ist der Türkentrank,
schwächt die Nerven, macht dich blaß und krank.
Sei doch kein Muselmann, der das nicht lassen kann.«

(Caffeekanon von Carl Gottlieb Hering)

Der Kaffee wurde als Lebenselixier, Seelentröster, Magenwärmer, Herzensstärker beliebt. Er hat in der Liste der Getränke, die zu jeder Zeit getrunken werden, das erste Wort: Morgens gegen die Müdigkeit, bei Tage im Sommer gegen die Wärme, im Winter gegen die Kälte, bei Nacht gegen die Kühle und immer für die Feuerung des Geistes. Auch in die bürgerlichen und bäuerlichen Haushalte hielt Kaffee Einzug. Aber der Kaffee war eine sehr teure Importware. Für eine Kanne sollten nur wenige Bohnen genügen. Um ihn zu färben, kam die geröstete Zichorie hinzu.

Der »Muckefuck« konnte mit Milch und Zucker geschmacklich verbessert werden.

Im Harz entstanden erst Mitte des 19. Jahrhunderts die Kaffeehäuser. Vielfach trafen sich Bürgerfrauen reihum zu einem Kaffeekränzchen oder Kaffeeklatsch.

Vor der Zubereitung sollte der Kaffee frisch gemahlen sein. Entscheidend für den Geschmack sind auch der Mahlgrad, die Qualität des Wassers und die Art der Zubereitung. Immer ist frisches Wasser Voraussetzung.

Ob Kaffee (mit oder ohne Sahne), Mocca, Espresso, Capuccino – in jedem Fall werden Geist und Verdauung durch den Gehalt an Coffein angeregt. Und zum klassischen Abschluß eines klassischen Menüs gehört zumindest in einem klassischen Restaurant der Kaffee. Trotzdem wird nun empfohlen, keinen Kaffee zu trinken, sondern ihn zu essen.

Gebackener Caffee

Zubereitung: Der Kaffee wird in der Kondensmilch gekocht, abgesiebt und zum Kaltwerden beiseitegestellt. Die Eidotter werden mit etwas Milch glattgerührt. Man fügt dann den kalten Kaffee hinzu, schmeckt mit Zucker ab und läßt diese Masse bei geringer Hitze unter ständigem Schlagen mit dem Schneebesen dick werden. Noch warm, wird diese Creme mit dem Schnee von 6 Eiweiß vermischt, jedoch erst kalt serviert.
Die Verwendung der restlichen 6 Eiweiß bleibt der Phantasie der Köchin überlassen. (»Magazin«-Koch-Empfehlung)

75 g Kaffee
250 ml Kondensmilch
1 Schuß Milch
12 Eier
Etwa 150 g Zucker

Geeister Kaffee mit Vanille – Eine Erfrischung im Sommer

Zubereitung: Alle Zutaten in einen Cocktail-Shaker geben, einige Zeit kräftig schütteln und dann in zwei Gläser füllen.

*»Lieber wechsle ich meine Geliebte
als mein Kaffeehaus.«*
(Stendhal)

2 Tassen starker Kaffee
mit einigen Eiswürfeln
½ Teelöffel Vanillezucker
Ein Schuß Kaffeelikör
oder Amaretto
Nach Belieben süße Sahne

Der Harz verfügt über mehrere Kaffeeröstereien, die gleichzeitig auch als Kaffeehäuser eingerichtet sind.
So Café & Konditorei Schnibbe in Bad Lauterberg, Rösterei Café Löper in Halberstadt, Dill's Manufaktur in Goslar, Pinocchio in Wolfenbüttel und das Samocca in Quedlinburg.
Diese Rösterei in Quedlinburg am Schloßberg überzeugt durch ungewöhnlich gute Kaffeequalitäten, die Hausleiterin Frau König kann bereits zwei Titel als »Deutsche Röstmeisterin« vorweisen.

Alle pflegen das uralte Handwerk und kennen das Geheimnis des guten Kaffeegeschmacks. Die frisch gerösteten Bohnen werden nach Wunsch auch frisch gemahlen. Die Kaffeehäuser sind Treffpunkte für Einheimische und Gäste, die Geselligkeit suchen und lieben und die beim Verkosten ins Gespräch kommen. Dazu gehört auch ein Kaffeegebäck.

Sandbrezel – Zarte Kringel

Mehl
125 g feiner Zucker
Zimt
Abgeriebene Zitronenschale
6 Eidotter
125 g geklärte Butter

Zubereitung: Die Zutaten werden mit so viel Mehl wie nötig zu einem festen Teig gerührt. Daraus werden kleine Würstchen zu Brezeln geformt.
Mit Eiweiß und Zucker bestreuen und backen.
Hinweis: Geklärte Butter ist Butterschmalz, also Butter ohne Eiweißanteile.

Der Tee – Bedienung von zarter Hand

Vor ungefähr 5000 Jahren ist der Teestrauch zum ersten Mal in chinesischen Schriften erwähnt worden. Über buddhistische Mönche gelangte er nach Japan und von dort brachten die Niederländer etwa um 1600 den Tee nach Europa. Ab 1714 kam dann der Tee über England in den Harz, als der Kurfürst von Hannover auch König von England wurde. Die Mode des Teetrinkens verbreitete sich schnell im bürgerlichen Mittelstand, aber sie unterscheidet sich vom Kaffeetrinken. Man trinkt Tee, um den Lärm der Welt zu vergessen. »Treten Sie ein, legen Sie Ihre Traurigkeit ab, hier dürfen Sie schweigen«, heißt es bei Rainer Kunze in »Einladung zu einer Tasse Jasmintee«. Wohl dem, der einen Freund hat, bei dem er schweigend eine Tasse Tee trinken kann, auch wenn es in der Nacht ist.
»Tee hat nicht die Arroganz des Weines, nicht das Selbstbewußtsein des Kaffees, nicht die kindliche Unschuld von Kakao. Im Geschmack des Tees liegt ein zarter Charme, der ihn unwiderstehlich macht.« (Kakuzo Okakura im »Buch vom Tee«)
Im Tee liegt Ruhe und Bescheidenheit. Er regt an, aber nicht auf. Tee ist der Philosoph unter den Getränken, mit fernöstlichem Denken und Handeln untrennbar verbunden. Gegenüber dem robusten Kaffee verlangt der Tee Aufmerksamkeit. Abwarten und Teetrinken benötigt geeignete Gelegenheiten. Das klassische Tee-Lehrbuch Chinas beschreibt sie so: »Wenn man beim Denken gestört worden ist. Bei gutem Gespräch in tiefer Nacht. Wenn es ganz leise regnet…Wenn die Kinder in der Schule sind. In einem kleinen Bambuswäldchen an einem Frühlingsabend. Bei wunderlichen Felsen.«

Der Tee ist ein Kunstwerk und braucht die Hände eines Meisters, um seine edlen Eigenschaften entfalten zu können. Das Teeritual in Ostasien hängt mit der Tee-Ernte als poetische Weihehandlung zusammen. Es ist ein kompliziertes

Ineinandergreifen von Terminen, der Pflückart, der Selektionen (First Flush, Second Flush, Regen- und Herbsttee aus Assam und Darjeeling) und dem Aufbrechen der Blätter. Die Ernte geschieht mit Daumen und Zeigefinder von jeweils nur zwei Blättern. Je jünger die Blätter, desto feiner das Aroma, das sich aber erst nach der Fermentierung entfaltet, wenn der Tee schwarz wird. Unfermentiert bleibt es der Grüne Tee.
Unabhängig von der gewünschten Sorte gibt der schwarze Tee sein Aroma bei 100 °C frei, das Wasser muß also sprudelnd kochen. Die vorgewärmte Kanne geht zum Wasserkessel, nicht umgekehrt. Das Wasser muß langsam über den Tee gegossen werden, damit möglichst wenig Luft an den überbrühten Tee gelangen kann.
Die Dosierung ist ein Teelöffel pro Tasse, nicht länger als drei, maximal fünf Minuten ziehen lassen – je kürzer, desto milder schmeckt er. Die Wirkung ist dann anregend durch die Freisetzung von Coffein. Zieht er länger, wird er bitterer und die Wirkung ist beruhigend durch die Freisetzung der Gerbstoffe. Grüner Tee wird mit Wasser von 80-90 °C bereitet.
Tee hilft in allen Lebenslagen. Er tröstet und erfrischt bei Hitze, Kälte und Müdigkeit, ob man sich wohl fühlt oder nicht. Tee ist immer richtig.
Heißer Schwarztee mit Limetten- oder Zitronensaft wärmt uns im Winter, aber auch Früchtetees und Hagebuttentee. Zusätze von Gewürzen wie Ingwer, Chili und Kardamom erhöhen die anregenden Eigenschaften und entwickeln eine wohltuende und verdauungsfördernde Wirkung. Auch ein Teepunsch mit Kräutern erfüllt diese Eigenschaften in der kalten Jahreszeit.

Eistee

Grüner Tee
Fruchtsirup oder Zucker
Zitronenscheibe
Minzenblatt
Eiswürfel

Zubereitung: Grüner Tee wird mit Wasser von 80-90 °C zubereitet, man läßt ihn 3-5 Minuten ziehen. Nach dem Abfiltern und Abkühlen wird er in den Kühlschrank gestellt. Gesüßt wird mit Fruchtsirup oder Zucker, wenn der Tee kalt ist.
Das Trinkglas kann mit Zitronenscheibe oder Minzenblatt garniert werden.
Vor dem Servieren Eiswürfel zufügen.

Teepunsch

3-4 TL Schwarztee
1 Liter Wasser
20 g Zucker
2 EL Holunderblütensirup
1 Schuß Rum
Zitronensaft

Zubereitung: Den aufgebrühten Tee läßt man 3-4 Minuten ziehen, filtert ihn ab und setzt dem Tee den Zucker, Holunderblütensirup und den Rum mit dem Zitronensaft hinzu.
Kalter Tee oder Eistee kann mit grünem Tee, Kräutertee oder Früchtetee bereitet werden. Dazu nimmt man mehr Teeblätter als bei einem heißen Tee, da die zuletzt zugefügten Eiswürfel den Tee verdünnen.

»Fester« Tee – Die Tee-Götterspeise

1 Päckchen Götterspeise
Abrieb einer Zitrone
Schwarzer Tee

Zubereitung: Götterspeise nach aufgedruckter Vorschrift zubereiten, statt der angegebenen Wassermenge kalten schwarzen Tee verwenden und die abgeriebene Schale einer ganzen Zitrone hinzufügen, sobald die Masse dicklich zu werden beginnt.
Vielleicht probieren Sie es einmal?

Earl Grey Kekse – Eine Köstlichkeit mit Bergamotte-Note

300 g Mehl
175 g Butter
100 g Zucker
1 Päckchen Vanillinzucker
1 Ei
5 TL His Grey Highness-Teeblätter (eine englische Mischung aus Earl Grey und feinem Darjeeling)
1 unbehandelte Zitrone
1 Prise Salz

Zubereitung: Aus allen Zutaten einen Knetteig herstellen, 1 Stunde in den Kühlschrank stellen und dann ausrollen, Figuren ausstechen und goldgelb backen.
Ein unverwechselbarer Geschmack; passend für eine Teerunde, um anmutig auf die Stimmung einzuwirken.

Tee verlangt auch sein eigenes Geschirr. Durchscheinend weißes Porzellan als Teeschale oder Teetasse soll die Güte des Getränks verstärken; ebenso wichtig ist die Teekanne, der Hans Christian Andersen sogar ein eigenes Märchen gewidmet hat.
Der gepflegte oder auch elegante Teetisch hatte seine kulinarische Bedeutung, er lud ein zu einer Plauderstunde. Davon übernommen wurde die geselligkeitsfördernde Teestunde mit Hausmusik oder die Teegesellschaft im Lesesalon bei Anna Amalia in Weimar. Beides könnte auch heute wieder mehr gepflegt werden.

Kakao – Ein süßer Rausch

Der erste Europäer, der Kakaobohnen zu Gesicht bekam, war Christoph Columbus (1451-1506) während seiner Amerikareise. Er lernte sie als Zahlungsmittel kennen. Erst einige Jahre später sollten Spanier in den Genuß des ersten Kakaotrunkes gelangen. Eine Kakaobohne enthält 20-60 Samen, deren Fettanteil zu Kakaobutter, der Rest zu Kakaopulver verarbeitet wird.
»Die Kakaobohne ist ein Phänomen, denn kein zweites Mal hat die Natur eine solche Fülle an Nährstoffen auf einem so kleinen Raum, wie gerade bei ihr, zusammengedrängt«, stellt Alexander von Humboldt (1769-1804) später fest. Die Verschmelzung des bitteren Pulvers aus den gerösteten Kakaobohnen mit Zucker wurde eine süße Verführung, schnell auch ein Modegetränk und Abschluß eines Mahles.

Im 17. Jahrhundert begann sich das Getränk Schokolade über Europa auszubreiten. Aber auch das Kakaopulver war sehr teuer. Im Harz wurde es üblich, die Kakaomilch nach dem Aufkochen mit Mehl zu einem Brei anzudicken, der dann gelöffelt werden konnte. In einem vornehmen Haushalt begann man bei besonderen Anlässen mit dieser festlichen Mahlzeit, der noch Nüsse und Schlagsahne beigegeben wurde, den Tag.
Die anregende Wirkung von Kakao ist geringer als beim Kaffee, dafür aber stimmungsaufhellend durch den höheren Theobromin-Gehalt.
Zum Volksgetränk wurde Kakao mit Milch oder Wasser erst ganz allmählich. Auch in vielen Klöstern gehörte dieser Trank zum Frühstück. Im 18. Jahrhundert waren es dann die Zuckerbäcker, die sich der Verfeinerung von Gebäcken und der Anfertigung von fester Schokolade annahmen. Die feste Milchschokolade ist eine Schweizer Erfindung. Die älteste deutsche Schokoladenfabrik ist Halloren in Halle.
Jean Etienne Liotards berühmtestes Werk, das »Schokoladenmädchen« von 1744, stellt dar, wie die Schokolade zelebriert werden soll: vorsichtig und würdevoll in einer hohen Kakaotasse.

Johann Wolfgang von Goethe und Friedrich Schiller waren Liebhaber von Trinkschokolade, weil sie auch als Heilmittel propagiert wurde.
Gekrönt wird die Schokoladenkunst durch die Erfindung der Praline. Sie geht zurück auf den deutschen Koch, der für die Reichstagsabgeordneten in Regensburg 1675 die neue Köstlichkeit aus Schokolade und Mandeln kreierte. César de Choiseul, Comte de Plessis-Praslin, Minister und Gesandter König Ludwig XIV., war von ihr so begeistert, daß der Koch seine erste Praline nach ihm benannte (Praslin/Praline).

Brocken-Splitter und Harzer Baumkuchen

»Der Harz hat eine lange Schokoladentradition. Wer kennt sie nicht, die Brockensplitter, knackige Haselnußkrokant-Dreiecke mit zarter Bitterschokolade überzogen, hergestellt von der Wergona Schokoladen GmbH oder den leckeren Harzer Baumkuchen, produziert im Baumkuchenhaus Nr. 1 in Wernigerode?
1848 ist es der Wernigeröder Tuch- und Schnittwarenhändler Karl Friedrich Krumbhaar, der die erste ›Chocolade-Fabrik‹ gründet. 1852 übernimmt F. H. A.Ronnenberg den Betrieb. 1863 gründen Ludwig Bauermeister und 1883 Franz Maul eine Schokoladenfabrik. Bis zum heutigen Tag zählt man in Wernigerode 15 Schokoladenfabriken an acht verschiedenen Standorten. Im Stadtkern hatten sich 17 Schokoladen-Geschäfte und zahlreiche Großhändler für Süßwaren angesiedelt. Die Branche war mit über 1.500 Beschäftigten der größte Arbeitgeber der Stadt.
Der Brocken-Splitter wurde bereits 1921 produziert und auf den Markt gebracht, 1954 setzte die Argenta Süßwarenfabrik diese Tradition fort, 2002 übernimmt die Wergona Schokoladen GmbH. Durch zahlreiche Erweiterungen ist ›Wergona‹ heute einer der größten Schokoladenproduzenten Europas.
Der ›Harzer Baumkuchen‹ aus dem Baumkuchenhaus Nr. 1 hat eine noch ältere Geschichte. Bereits 1749 gründet Hermann Schröder eine Baum- und Schloßkuchenfabrik. Viele Unternehmer setzten die Produktion fort, erst durch den 2. Weltkrieg wurde sie unterbrochen. In der DDR übernahm VEB Backwaren das Geschäft, fehlende Rohstoffe führten immer wieder zu Produktionsausfällen. Mit der Gründung der ›Harzer Baumkuchen Friedrich GbR‹ 1992 wurde endgültig die alte Tradition wiederbelebt und ein umfangreiches Sortiment entwickelt. 2008 entstand das ›Baumkuchenhaus Nr. 1‹ – Herstellung mit Schaubacken, Cafe und einer kleine Ausstellung zur Tradition.
Auch anderswo im Harz gründeten sich in der Vergangenheit einige Schokoladenfabriken, so in Bad Lauterberg, Ellrich und Thale. Aber nur in Wernigerode konnte diese Tradition bis in die Gegenwart fortgesetzt werden. Sicher auch deshalb ist Wernigerode einmal im Jahr das Mekka der Schokoladengenüsse. Immer Ende Oktober ist das Schokoladenfestival ›chocolART‹ zu Gast und bietet berauschende Vielfalt.« (Jürgen Will, Wernigerode)

Heiße Schokolade – Cremig, süß und nahrhaft

Für eine kräftige Schokolade genügt nicht das Kakaopulver, kräftig wird sie nur mit echter Schokolade. Dazu nimmt man diejenige, die einem am besten schmeckt.
Zubereitung: Die Milch aufkochen, Zucker und Kakao einrühren, die Schokolade zerkleinert darin auflösen, nochmals heiß machen, in Gläser füllen und nach Belieben mit einem Sahnehäubchen versehen. Ein wohliges »Hmmm« wird begleitet von andächtigem Löffelklappern!

125 g halbbittere Schokolade
75 g Vollmilchschokolade
600 ml Vollmilch
50 g Kakao
50 g Zucker

Feste Schokolade selbst gemacht – Chocolatierkunst zu Hause

Die einfachste Art, Schokolade selber herzustellen, ist die Verwendung von gekaufter Kuvertüre, um sie dann mit beliebigen Zutaten zu versehen.
Selbst gemacht heißt aber: Herstellung aus den Grundbestandteilen jeder festen Schokolade, nämlich Kakaopulver, Kakaobutter, Süße nach Wahl und nach Belieben Gewürze, Nüsse, Mandeln oder Früchte.
Zubereitung: Die Kakaobutter wird im Wasserbad von 60 °C unter Umrühren geschmolzen und das Kakaopulver hineingerührt. Als Süßungsmittel kann anstelle des Zuckers auch Ahornsirup oder Agavensirup verwendet werden.
Je nach Wunsch oder Geschmack wird mit würzigen oder fruchtigen Zutaten experimentiert.
Die cremige Masse, entweder in Formen oder auf Backpapier gegossen, muß zum Festwerden der Schokolade in den Kühlschrank gestellt werden.

60 g Kakaobutter
40 g dunkles oder helles stark entöltes Kakaopulver
2 EL Zucker
oder Ahornsirup
oder Agavensirup
Gewürze, Nüsse, Mandeln, Früchte

Die Praline – Verführerisch, aber glücksbringend

Schokolade,
Nüsse, Gewürze, Früchte

Pralinen oder Pralinés sind gefülltes Schokoladenkonfekt, das einen Schokoladenanteil von mindestens 25% haben muß.
Bis Anfang des 20. Jahrhunderts wurden dazu Nüsse, Marzipan oder Früchte einfach in Schokolade getaucht, bis in Belgien das Verfahren mit Metallförmchen entwickelt wurde. Heute sind Förmchen aus verschiedenen Materialien im Handel.
Das Grundverfahren ist einfach und beginnt mit der Schokolade, die im Wasserbad langsam zum Schmelzen gebracht wird. In der Zwischenzeit verteilt man die Früchte, Nüsse oder Gewürze in die Förmchen. Löffelweise wird die Schokoladenmasse dann darüber verteilt und die Formen werden zum Festwerden in den Kühlschrank gestellt.
So lassen sich mit viel Phantasie kleine Naschereien zaubern, die auch zum Verschenken immer »ankommen«.
Nach dem Überzugsverfahren entstehen mit Pralinenmischung gefüllte Kugeln. Das Hohlkörperverfahren ist aufwendiger als das Schichtverfahren, bei dem verschiedene Schokoladen- und Nougatmassen übereinandergeschichtet und nach dem Erkalten in kleine Würfel geschnitten werden. Eine Trüffel-Praline ist ein kugelförmiges mit Rum aromatisiertes Konfekt, in Kakaopulver oder Schokostreuseln gewälzt.

Haselnuß-Pralinen – Ein Erlebnis mit allen Sinnen

450 g dunkle oder Vollmilchschokolade
25 g Butter
25 g Kokosfett
100 g Schlagsahne
150 g gemahlene Haselnußkerne

Zubereitung: 150 g Schokolade in heißem Wasserbad schmelzen. Damit eine Talerform erreicht wird, die Masse in einen Spritzbeutel füllen und auf das Backpapier spritzen. Dann aushärten lassen.
Zur Herstellung der Füllung Sahne und Kokosfett erhitzen und kurz aufkochen lassen. Mit 150 g in Stücke gebrochene Schokolade und den Haselnüssen zu einer homogenen Masse glattrühren, abkühlen lassen und anschließend mit der Butter aufschlagen, bis sie cremig ist.

Die Nußfüllung nun mit Hilfe eines Spritzbeutels auf die Taler verteilen. Die restliche Schokolade schmelzen und am besten mit einer Pralinengabel das Nußkonfekt in die Schokolade tauchen und nach Belieben mit gemahlenen Haselnußkernen verzieren. Das Rezept ist für die Zubereitung von 30 Kugeln gedacht.
Was bleibt, ist ein unvergeßlicher Eindruck auf der Zunge!

»Kein Genuß ist vorübergehend,
denn der Eindruck, den er zurückläßt,
ist bleibend.«

(Johann Wolfgang von Goethe)

ZUSAMMENFASSUNG

Bei Käs' und Brot leidet man keine Not.

(Sprichwort)

In der Geschichte der Menschheit drehte sich schon immer alles um das Essen: Essen und Ernährung, Essen und Gesundheit und auch Essen und Landwirtschaft.
Zu den ältesten haltbaren Lebensmitteln zählt das »heilige« Brot, auch als Symbol für Nahrung überhaupt, und der Käse – beides Lebensmittel mit religiösen Hintergründen, weil die eigentliche Arbeit zur Herstellung von Brot von der Hefegärung und beim Käse von der Milchsäuregärung übernommen wird. Diese Verwandlungsprozesse hat man sich ursprünglich nur göttlich erklären können.
Wir brauchen beide, das Brot und den Käse – aber beide Produkte brauchen auch den Menschen. Zwischen Getreide und Milchprodukt ist eine Abhängigkeit entstanden. Essen ist also ein komplexes Phänomen, das Natur und Kultur vielschichtig miteinander verbindet – Nahrung ist kulturell angeeignete Natur.
Der Wunsch, mit alten Traditionen zu brechen, führte seit dem 18. Jahrhundert zu einer modernen neuen Kochkunst. Altes Wissen und alte Eßgewohnheiten gingen dabei zunehmend verloren und damit auch der Urgeschmack, das heißt, der Ursprung der Ernährung – Natürliches mit Nachhaltigkeit. Den Urgeschmack gibt es darum eigentlich nicht. Der Geschmack selbst ist abhängig von der dem Lebensstil angemessenen individuellen Zubereitung. Der Weg zum einfachen und möglichst natürlichen Essen wird heute erschwert durch Kritiken an Nahrungsmitteln, durch widersprüchliche Empfehlungen, durch das Überangebot an billigen manipulierten Fertigprodukten und durch wenig Zeit.
Feuer, Wasser, Luft und Erde verwandeln das, was Natur uns liefert, in köstliches Essen und Trinken. Kochen verbindet uns mit Pflanzen und Tieren, mit der Erde und den Bauern, mit unserer Geschichte und Kultur und mit Menschen, für die wir kochen. Essen verlangt Respekt und Eßkultur, die über unser Leben entscheidet: Was und wieviel, wo und wie wir mit wem speisen, beeinflußt unsere Gesundheit. Der Wert unserer Grundnahrungsmittel besteht in der Frische, mit der sie gekauft und verzehrt werden. Und das Wissen um ihre Herstellung in der Landwirtschaft erhöht die Achtung und den Wert der Mahlzeit.
Wer sich und das Essen liebt, das er für Gäste herrichtet, nimmt sich gerne auch die Zeit zum Kochen – Genuß mit allen Sinnen und Freude verdoppeln sich! Außerdem muß einfaches Essen nicht aufwendig sein. »Iß nichts, was deine Großmutter nicht als Essen erkannt hätte.« (Michael Pollan)
Jeder muß seinen eigenen Weg zum einfachen und natürlichen Essen finden. Was ist gut für mich? Entscheidend ist auch das bekannte Maßhalten.

Der wertvollste Schatz von Mutter Erde ist die biologische Vielfalt. Aber die moderne Nahrungsmittelproduktion und Profitgier sind die Hauptursachen für Umweltschäden und den Verlust dieser Vielfalt. Und der rastlos wachsende Konsum schadet nicht nur der Um- oder besser Mit-Welt, sondern muß daran scheitern, das Hungerproblem zu lösen. Ressourcen sind endlich und schon erschöpft, Armut und Ungerechtigkeit sind an der Tagesordnung, so daß es vielen Menschen am täglichen Brot fehlt. Das Gleichgewicht zwischen uns und der Natur wiederherzustellen bedeutet, den Menschen nicht in den Mittelpunkt zu stellen, sondern zu anderen Lebewesen in Beziehung zu setzen. Neben den Forschungsergebnissen der Wissenschaft muß das kulturelle Erbe mit Traditionen und Erfahrungen der Bauern bewahrt und weitergegeben werden, ehe sie verblassen und vergessen sind.
Gutes Essen beginnt bei den Pflanzen, sie sind nach Stefano Mancuso die »Wurzeln des guten Geschmacks«. Und wenn wir uns neu bewußt machen, daß wir ohne die Pflanzen nicht leben oder überleben können – sie liefern uns Sauerstoff, Arzneimittel, Vitamine, Mineralstoffe, Rohstoffe und binden CO^2 – dann sind die Zahlen der jährlich aussterbenden Arten alarmierend, es sollen inzwischen dreißigtausend weltweit sein. Das biologische Gleichgewicht ist aus den Fugen geraten. Und mit diesem Verlust an Vielfalt geht auch Verlust von Aroma, Geschmack und Genuß einher, Mangelerscheinungen treten auf. Durch Wahl unserer Nahrungsmittel können wir dazu beitragen, die wertvollen Ressourcen unserer Region zu bewahren. Diese Verantwortung trägt jeder!
Wo und wie der Landwirt arbeitet, bestimmen wir durch die Wahl unserer Lebensmittel. Nahrungsmittel sind auch ein Kulturgut, das nicht durch Kochserien im Fernsehen gepflegt wird, sondern durch Probieren am eigenen Herd.

»Wie können wir in unserem täglichen Leben zu einem tieferen Verständnis der Natur
und der besonderen Rolle unserer Spezies kommen?
Am besten geht man dazu einfach in die Küche.«

(Michael Pollan)

HOFLÄDEN, WERKSVERKÄUFE, WOCHENMÄRKTE

ALTENAU

Kräuterpark Altenau
Viele vergessene Hausmittel sind im Kräuterladen zu finden, die schon früher in der Volksmedizin ihren Platz hatten. Probieren ist auch erlaubt. Zunehmend rücken die Heilkräuter des Harzes und regionale Spezialitäten wie Honig, Wurstwaren oder Backwerk in den Mittelpunkt. Besondere Kräuter gibt es bis Ende September – alles, was in Garten-Discountern nicht zu finden ist.
Schultal 11, 38707 Altenau
Kräuterladen: Mo-So 10-17 Uhr vom 1.5. bis 15.11.
(In der Winterzeit gelten gesonderte Öffnungszeiten.)
www.kraeuterpark-altenau.de

Altenauer Brauerei
Seit 400 Jahren wird in Altenau Bier gebraut. Altenauer Charakterbiere sind handwerklich gebraut mit echtem Hopfen, Quellwasser aus dem Harz, Pilsener Malz von eigenen Feldern rund um das Kloster Wöltingerode und ohne Farbebier.
Breite Straße 29,
38707 Clausthal-Zellerfeld
OT Altenau, Hofverkauf
Mo-Fr 14-16, Sa 10-12 Uhr
www.altenauer-brauerei.de

ALTENBRAK

Bodetal-Forellenzucht
Hier kann täglich frischer Fisch in vielen Variationen gekauft werden. Regenbogen-, Bach- und Goldforellen tummeln sich im Wasser der Bode.
Wer will, kann seinen eigenen Fisch im Teich angeln.
Fischladen: Ludwigshütte 1 b,
06502 Thale OT Altenbrak
April-Oktober täglich 7-19 Uhr,
November-März täglich 8-17 Uhr.

ASPENSTEDT

Obstplantage Kundt
Die Obstplantagen von Carsten Kundt liegen, geschützt vom Brockenmassiv, an den sonnigen Südhängen des Huys. So können sonnenverwöhnte Früchte reifen, wobei besonderes Augenmerk auf einen nützlingsschonenden geringen Einsatz von Pflanzenschutzmitteln gelegt wird. Der Direktverkauf in der Region und die kurzen Transportwege sorgen dafür, daß Qualität und Frische der Äpfel, Birnen, Kirschen, Aprikosen, Pfirsische, Pflaumen und des Beerenobstes bewahrt bleiben.
Hofladen Sargstedter Straße 157,
38822 Halberstadt OT Aspenstedt
Di, Do, Fr 9-12 und 14-17, Sa 9-12 Uhr.

BRÄUNRODE

Malzit
Das ist ein markengeschützer Brotaufstrich auf Gerstenmalzbasis, der im Harz erfunden wurde und in der Startup-Sendung »Höhle der Löwen« Furore machte. Die

Brotaufstriche werden in einer kleinen Manufaktur produziert. Aus heimischen Rohstoffen und in enger Zusammenarbeit mit einer Minibrauerei aus Wackersleben entstehen viele leckere Kreationen mit dem markanten Malzgeschmack.
Im kleinen Verkaufslädchen ist Probieren und Einkaufen möglich:
Willeröder Weg 2,
06456 Arnstein OT Bräunrode
Täglich 9-17 Uhr.
www.malzit.de

CATTENSTEDT

Landwirtschaftsbetrieb Michael Häge
Eier von wirklich glücklichen Hühnern werden Michael Häge ins Nest gelegt. Das gelingt ihm unter anderem durch den Einsatz eines dem Tierwohl dienenden strukturreichen Biofutters und modernster Technik in Form von Einstreu-Robotern.
Die Eier werden aus dem Stall heraus verkauft.
Stallverkauf: Am 4. Bruchweg Nr. 1,
38889 Blankenburg OT Cattenstedt
Täglich 10-12 Uhr.

DARLINGERODE

In Darlingerode veranstaltet der Heimatverein Brotbacktage, die für das ganze Dorf ein Erlebnis sind – mit traditionellen Teigrezepten und einer über 100 Jahre alten Knetmaschine aus der ehemaligen Dorfbäckerei und mit Brotformen, die schon vor Jahrhunderten einen bestimmten Zweck erfüllten. Das Holz zum Anheizen des Backofens wird aus dem Gemeindewald geholt, aus dem

Sägegatter die Schwarte verwendet.
Brotbacktermine über den Heimatverein: Förderverein zur Pflege der Heimatgeschichte und des Brauchtums *Darlingerode e.V., Im Winkel 3,*
38871 Ilsenburg OT Darlingerode
Tel.: 03943-605532.
www.komturhof-darlingerode.de

GOSLAR

Brauhaus Goslar
Nach handwerklichem Traditionsverfahren werden hier Bierspezialitäten ständig frisch gebraut. Dazu gehört natürlich die originale Gose, das Harzer Urbier. Das paßt zu regionalen Spezialitäten und vom Küchenchef kreierten Gose-Gerichten.
Marktkirchhof 2,
38640 Goslar
www.brauhaus-goslar.de

Birkenhof
Der Birkenhof vor den Toren Goslars verkauft derzeit Eier aus hofeigener Bioproduktion, Molkereiprodukte, Gemüse, Kartoffeln; eine Erweiterung der Angebotspalette ist in Planung.
Immenröder Straße 21,
38644 Goslar
www.birkenhof-goslar.de

HARZGERODE

Evis Hofladen
Im Angebot sind Rindfleisch von eigenen artgerecht gehaltenen Tieren, Wildspezialitäten aus eigener Jagd, dazu ein feines naturnahes Sortiment an Käse, Gemüse und Wein. Grundlage ist der familieneigene Landwirtschaftsbetrieb, der nach Naturland-Richtlinien arbeitet.
Stolberger Straße 23,
06493 Harzgerode
Mo-Mi 10-18, Do+Fr 9-18, Sa 9-12 Uhr.
www.evishofladen, www.scheffler-harz.de

HALBERSTADT

Halberstädter Würstchen
Der traditionsreiche Markenname »Halberstädter« ist viel mehr als nur eine Herkunftsbezeichnung und steht seit

der Firmengründung 1883 als Begriff für die kräftigen Würstchen im Naturdarm mit EU-Schutzsiegel. Die originalen Räucher-Kamine aus Schamottestein und die Räucherung über Buchenholz sind das Geheimnis für den knackigen Biß und den unverwechselbar intensiven Geschmack.
Werksverkauf: Große Ringstraße,
38820 Halberstadt
Mo-Fr 9-15 Uhr.
www.halberstaedter.de

HASSELFELDE

Köhlerei Stemberghaus
In uriger Atmosphäre gibt es Holzkohle als Naturheilmittel, aber auch Köhlertees aus heimischen Harzpflanzen, Köhlersuppen, Honig – und natürlich »flüssige Holzkohle«, Likör nach altem Köhlerrezept.
Zum Köhlerfest Anfang August jeden Jahres werden die Meiler geöffnet!
Stemberghaus 1,
38899 Hasselfelde
Täglich 9-18 Uhr,
www.harzkoehlerei.de

HERZBERG

Hofladen Grosse
Familie Grosse bietet aus eigener Mast Produkte von Rind und Schwein. So kann man traditionell Fleisch- und Wurstwaren aus eigener Herstellung kaufen.
Ofeld 1,
37412 Herzberg OT Scharzfeld
Montag-Freitag 8.00-18.00, Samstag 7.30-12.30 Uhr

HETTSTEDT

Kräuter & Genuß
Wildkräuter, Früchte und Samen als Geschenke von Mutter Natur werden mit viel Herzblut in Manufakturarbeit zu wahren Köstlichkeiten (z.B. Fruchtessig, Aufstriche, Liköre, Pesto, Kräutersalze, Tee) verarbeitet und im gemütlichen Kräuterlädchen angeboten.
Kräuterlädchen Ritteröder Straße 2,
06333 Hettstedt
www.kraeuter-genuss.de

Kulinarisches Mitteldeutschland
André Kosig bietet kulinarische Spezialitäten regionaler Produzenten aus dem Harz und aus Mitteldeutschland an.
Lagerlädchen: Wilhelmstraße 19, 06333 Hettstedt
Di 10-18 Uhr, Mi 9-13 Uhr, Sa 10-13 Uhr.
www.kulinarisches-mitteldeutschland.de

HÜTTENRODE

Harzer Gebirgsimkerei
Der Gebirgshonig vom Imker André Koppelin bietet ein intensives Geschmackserlebnis durch die besonderen Aromen der Gebirgsflora. Um Hüttenrode und Waldesruh stehen die Bienenvölker des Imkers. Den »Michaelsteiner Klosterhonig« zeichnet der besondere Geschmack des Nektars von Heilkräutern aus.
Georgenhofstraße 15,
38889 Blankenburg OT Hüttenrode
Bestellungen telefonisch: 03944-9578547.
www.koppelin.de

ILSENBURG

Ilsenburger Laden
Ein kleiner, sehr gemütlicher Laden mit Landeiern, Bauernkartoffeln, Bioprodukten von Brot, Ziegen- und Kuhmilchkäsen bis Gemüse und Honig und Obst der Saison; Essig, Öl, Senf und handgemachte Marmeladen, aber auch frisch gejagtes Wild aus Harzer Wäldern. Ein Ort, der zum Stöbern, Kosten und Probieren von regionalen Köstlichkeiten einlädt!
Marienhöferstraße 9, 38871 Ilsenburg
Mo-Sa 10-18, So 11-17 Uhr.
www.ilsenburgerladen.de

KLOSTERMANSFELD

Süßmosterei Römermann
Hier wird Obst aus der eigenen Region zu Säften, Nektaren und Wein verarbeitet. Rhabarber, Johannisbeeren, Sauerkirschen, Quitten, Aronia stehen zur Auswahl.
Von August bis November geht die Lohnmosterei, bei der jeder Kunde seinen eigenen Saft produzieren lassen kann.
Thondorfer Straße 11, 06308 Klostermansfeld
Mo 7-18, Di-Fr 7-16,
jeden ersten Sonnabend im Monat 9-12 Uhr.

MAHNDORF

Dr. Bosse Traditionsobst
Auf dem sonnigen Hügel »Jakob« in Osterholz standen von jeher Obstbäume. Familie Bosse hat in den letzten Jahren 12 Hektar verfallene Obstplantagen der Region rekultiviert. Das Gelände wird entsprechend den Naturschutzrichtlinien beweidet, bewirtschaftet und gepflegt, das bedeutet u.a. Verzicht auf chemische Dünge- und Hilfsmittel. Im Ergebnis bietet sie traditionelle, oft schon vergessene Obstsorten der Region an: Reine Natur.
Dorfstraße 30,
38822 Mahndorf
Mo 8.30-11.30 u. 15-17, Di 8.30-11.30 u. 15-18, Mi 8.30-11.30, Do 8.30-11.30 u. 15-17, Fr 8.30-11.30 Uhr.
Tel. Bestellung unter 0172-77 88 931.
www.traditionsobst.de

MANSFELD

Genußbox Mansfeld-Südharz
Honig, Wein, Säfte, Brotaufstriche, Kräutertees, Wildspezialitäten, Liköre, Schokolade – Erzeugnisse von 12 Produzenten aus dem Südharz sind in der Genußbox versammelt, die als Reisebotschafter für diese kulinarischen Spezialitäten aus der Heimat wirbt.
Die Genußbox läßt sich per Email bestellen:
bestellung@genussbox-msh.de

MEISDORF

Wassermühle Bischof
Mehl aus der Wassermühle Bischof, der letzten von 16 Wassermühlen an der Selke, ist Qualitätsmehl, ohne Zugabe von Mehlchemie! Seit 1512 durch 14 Generationen in Familienbesitz, wird ausschließlich Getreide aus regionalem Anbau in vielen Durchläufen schonend verarbeitet. So ist das Mehl ohne Zugabe von Zusatzstoffen backfähig.
Bahnhofstraße 136,
06463 Falkenstein OT Meisdorf
Mühlenladen Christine Bischof,
Di+Do 14-17, Fr 9-12 Uhr.
www.muehle-bischof.de

NEINSTEDT

Marienhof An der Teufelsmauer

Der Marienhof ist ein biologisch arbeitender Bauernhof der Evangelischen Stiftung Neinstedt und bietet ein vielfältiges Arbeitsangebot für derzeit 15 Menschen mit Behinderung. Eine mobile Mosterei ermöglicht Lohnvermostungen. Im schönen Hofladen werden eigene und regionale Produkte verkauft, Öko-Eier sind sehr gefragt und seit kurzem ist eine Bäckerei mit Café eröffnet worden.

Hofladen: Am Marienhof 1,
06502 Thale / OT Neinstedt
Mo-Fr 9-18, Sa 9-17, So 12-17 Uhr.

NORDHAUSEN

Traditionsbrennerei

Erleben und genießen – dafür steht die Echter Nordhäuser Traditionsbrennerei. Das 1908 erbaute Jugendstilensemble ist eine von ehemals 100 Brennereien in der Südharz-Stadt. Nur hier und in ausgesuchten Spezialitätenläden ist der roggenechte, drei Jahre im Holzfaß gelagerte Feine Alte Nordhäuser Doppelkorn erhältlich.

Grimmelallee 11,
99734 Nordhausen
Mo-Sa 10-16 Uhr.
www.traditionsbrennerei.de

OLDISLEBEN

Erlebniswelt Goethe Chocolaterie:

Bei einem Kaffee aus der hauseigenen Rösterei und einem Stück Torte ist zu erleben, wie edle Pralinen und Schokoladenprodukte aus besten Zutaten in Handarbeit hergestellt werden. Die Rezepte sowie die handgefertigten

Baumkuchen werden in der Torten- und Baumkuchen-Bäckerei liebevoll kreiert. Kinder können auf dem Erlebnisspielplatz toben. Das ist die Schokoladenseite der Kyffhäuser-Region!
Gewerbegebiet 13,
06578 Oldisleben
Werksverkauf und Café: Mo-Sa 10-17, So 13-17 Uhr.
www@goethe-chocolaterie.de

QUEDLINBURG

Gärtnerei Midgard
Unter dem Quedlinburger Burgberg findet natürlicher Anbau statt, nach strengsten Richtlinien, ähnlich wie vor 100 Jahren. Gedüngt wird mit dem Mist der Kuh, die Hörner tragen darf. Deshalb sind die angebotenen Produkte eher klein, aber sehr geschmackvoll und haltbar. Saatgut stammt aus dem eigenen Garten, alte Sorten und Arten werden neu entdeckt: Haferwurz, Gelbe Bete, Topinambur.
Abteigarten 8,
06484 Quedlinburg
Öffnungszeiten wechselnd

Harzer Honig
Die Marke steht für regional erzeugten Honig aus dem Harz. Ideengeber ist ein kleines Landwirtschaftsunternehmen, das Imkerei und Saatgutproduktion kombiniert

und derzeit auf ökologische Bewirtschaftung umstellt. Angestrebt wird eine Dach-Marke für Qualitätshonig von Harzer Imkern. Direktverkauf gibt es bei »Advent in den Höfen«.
Landwirtschaft Tilmann Dreysse & Ralph Wilkerling,
Neuer Weg 22/23,
06484 Quedlinburg
www.harzer-honig.de

Harzer Naturküche
Hier werden Rohstoffe aus dem Harz naturnah verarbeitet. Das sind jetzt 60 Senfsorten, wunderbare Kräutersalze und teuflisch-scharfe Chili-Pasten. Im Senfladen am Schloßberg werden eigene Produkte und Harzer Wurst- und Bierspezialitäten angeboten. Die Vermarktung für ausgewählte Manufakturen aus dem Harz ist die Aufgabe des Regionalladens gleich am Markt – verbunden mit einem Präsenteservice.
Finkenherd 6,
06484 Quedlinburg
Di-Sa 10-18, So 11-17 Uhr.
Senf-Manufaktur Neuer Weg 23.
Besichtigungen Di, Fr, Sa 11 Uhr.
www.quedlinburger-senf.de

RIESTEDT

Voglers Hofladen
Herr Vogler bietet gute Wurstwaren aus eigener Produktion, ergänzt um Produkte regionaler Erzeuger.
Schulstraße 53,
06526 Sangerhausen OT Riestedt

Mo+Mi 7.30-13, Di, Do u. Fr 7.30-17,
Sa 7.30-10.30 Uhr

ROHRSHEIM

Casa Culina
Auf einem wunderschönen denkmalgeschützten Vierseitenhof ist die Manufaktur mit Brennerei und Museum untergebracht. Hier ist Spitzenqualität der Anspruch: Mehrfach prämierte Spirituosen; Edelobst- und Kornbrände sowie Gin und Whisky können auch verkostet werden. Fruchtaufstriche, Walnußöl und Pflaumenmus komplettieren das Angebot. Von der Pflanzung des Obstes bis zur Ernte der Frucht, Verlesung und Verarbeitung – alles liegt in den Händern der Manufaktur.
Östernstraße 1,
38836 Osterwieck, OT Rohrsheim
Zwischen April und Dezember Mi 14-17 und Fr 12-14 Uhr.
Einmal im Monat am zweiten Sonntag 10-17 Uhr.
www.demmel-cie.de

Wanderimkerei Kolbe
In der dritten Generation betriebene Wanderimkerei mit hoher Qualität. Im Hofladen können alle Produkte vom Pollen bis zum Gelee Royal käuflich erworben werden. Telefonische Absprache empfehlenswert!
Kuxstein 19a,
06536 Südharz OT Roßla
Tel. 034651-2677
www.imkereikolbe.de

SCHIERKE

Schierker Feuerstein
Ein Geheimnis umgibt diesen berühmten Kräuter-Halb-Bitter, seitdem der Apotheker Willy Drube die Rezeptur vor über 100 Jahren in Schierke entwickelte. Deshalb auch ist das Stammhaus der Firma eine prächtige alte Apotheke, erbaut im Jahr 1895. Die Rezeptur ist Familiengeheimnis bis heute, aber die Zusammensetzung aus Kräutern und Wurzeln ist eine Harzer Tradition.
Stammhaus Brockenstraße 3,
38879 Wernigerode OT Schierke
Mo-Fr 9-17, Sa 9-12 Uhr.
Werksverkauf (nur Abgabe von Originalkartons):
Schierker-Feuerstein-Platz 1-5, Bad Lauterberg:
Mo-Fr 8-12.30, 13.30-16.30, Freitag nur bis 15.30 Uhr.
www.schierker-feuerstein.de

SOPHIENHOF

Ziegenalm Sophienhof
Auf 550 Metern Höhe, fernab vom Autoverkehr, gibt es ein Dorf mit 60 Einwohnern und doppelt so vielen Ziegen, dazu Heidschnucken, Rinder, Schweine, Damwild und frei lebende Hühner!
Das ist der Ziegenalm zu danken, die von 100 Hektar Grünland umgeben und auf der Lebensqualität hautnah zu erleben ist. In der kleinen Käserei wird aus der Ziegenmilch ohne alle Zusätze – außer der Kultur zum Vorsäuern und dem Naturlab – leckerer prämierter Ziegenkäse. Und Ziegeneis nach alter Rezeptur gibt es im Hofladen auch.

Dorfstraße 44,
99768 Sophienhof.
Hofladen: Di-Fr 11-18, Sa + So 10-18 Uhr.
Von November bis Ostern Do 12-18, Sa+So 10-18 Uhr.
Im Sommer jeden 1. und 3. Sa im Monat um 15 Uhr Verkostung.
www.ziegenalm.de

STOLBERG

Friwi-Werk Stolberg
Im malerischen Fachwerkstädtchen Stolberg werden seit 1891 mit großer handwerklicher Erfahrung und aus edlen Rohstoffen nach alten Familienrezepturen Kekse, Lebkuchen, Weihnachtsstollen und feinste Torten produziert. Aus dem Ofen geht es direkt zum Verbraucher – und

diese Frische schmeckt man! Neue köstliche Produkte werden ständig entwickelt. Ein Café in der Niedergasse 21 in einem um 1500 erbauten Fachwerkhaus lädt zum Verkosten ein.

Fabrikverkauf in der Niedergasse 51, 06536 Südharz
OT Stolberg. Täglich 10-17 Uhr.
www.friwi.de

Stolberger Lerchen
Im meistfotografiertenm Fachwerkhaus Stolbergs – und nur dort – gibt es die 1823 erstmals erwähnten besonders wohlschmeckenden Würstchen, eine geräucherte Bratwurstspezialität mit geheimer Rezeptur, die schon Graf von Moltke mundeten: die Original Stolberger Lerchen.

Harzlädchen am Gasthaus Kupfer, 06536 Stolberg
Mai bis Oktober 10-18, Nov bis April 11-17 Uhr

THALE

Getreidemühle Schröder
In sechster Generation bewirtschaftet Familie Schröder die Getreidemühle, deren Tradition sich bis ins 16. Jahrhundert zurückverfolgen läßt. 40 Tonnen Getreide – neuerdings auch alte Sorten – können täglich durch die Mühlräder über 18 Zerkleinerungsstufen laufen. Privatbäckereien im Harz, aber zunehmend auch der ernährungsbewußte Verbraucher aus der Region sind Abnehmer der hochwertigen Qualitätsmehle.

Alte Topf 5,
06502 Thale
Mühlenladen Mo-Fr 9-18 Uhr

WEDDINGEN

Biolandhof Vollheyde
Auf 50 Hektar Nutzfläche wird hier nach Bioland-Richtlinien nachhaltig zugunsten praktischen Umweltschutzes gewirtschaftet, neben Roggen, Weizen, Braugerste und Kleegras auch Kartoffeln und heimisches Gemüse angebaut. Seit 2008 helfen Mitarbeiter mit Behinderung bei der Arbeit. Ein Gemüseabo kann auf Wunsch ins Haus geliefert werden. Regionalität verbindet: Erzeugnisse und Kunden haben den Brockenblick!
Heertekamp – große weiße Halle am Ortsrand,
38690 Goslar OT Weddingen
Hofladen Mo-Fr 10-14 Uhr.

WERNIGERODE

Wergona Schokoladen Fabrikverkauf
Natürlich sind die beliebten Brockensplitter ein Renner im Angebot, aber das Sortiment ist umfangreich und umfaßt neben der Schokolade auch Gebäck und regionale Spezialitäten befreundeter Hersteller.
Vor allem aber ist dieser Ort ein Mekka für Schokoladenfans!
Neustadter Ring 4,
38855 Wernigerode
Di-Sa 11-18 Uhr.
www.wergona.com

Baumkuchenhaus Nr. 1
Schon 1749 stellte man in Wernigeröde den berühmten Baumkuchen her. Diese Tradition wird mit dem Baumkuchenhaus vor den Toren der Stadt fortgeführt. Neben einem Cafe kann man eine Ausstellung zur Geschichte des Baumkuchens besichtigen und beim Schaubacken dabeisein.
Neustadter Ring 17,
38855 Wernigerode
Mo-Sa 10-18, So 12-18 Uhr.
Schaubacken Fr und Sa 14-16 Uhr.
shop.harzer-baumkuchen.de

WESTERHAUSEN

Käsehof Westerhausen
Der Käsehof wurde 2018 vom Zeit-Magazin geadelt, das die beliebtesten 95 Hofläden in ganz Deutschland von 100 Spitzenköchen aussuchen ließ. Die Milch kommt vom Roten Harzer Höhenvieh, einer vom Aussterben bedrohten Rinderrasse; die Ziegenmilch liefern die Braunen Harzer Ziegen, die noch vom Schäfer betreut auf die umliegenden Wiesen zur Weide gehen.
Unter dem Mühlenberg 410,
6502 Thale OT Westerhausen
Auf Abruf geöffnet, bitte möglichst vorher anrufen: 0173-9587689.
www.käsehof-am-harz.de

Landgut Klamroth
Eigene Produkte und die vom Bauern nebenan ermöglichen Transparenz in der Herstellung dessen, was auf dem Teller landen soll. Engagement für das Tierwohl, Komfort in der Haltung, Futter von den eigenen Feldern und Wiesen ohne gentechnische Veränderung und die eigene Schlachterei und Fleisch- sowie Milchverarbeitung sind die Grundlage für täglich frische Köstlichkeiten.
Hofladen: Westerhäuser Schützenplatz 1,
06502 Thale OT Westerhausen
Di-Fr 8-18, Sa 8-15 Uhr.
www.hofladen-westerhausen.de

Weingut Kirmann
Direkt unter dem Wahrzeichen, dem Königstein, liegt der Familienbetrieb der Kirmanns, das einzige Weingut des Harzes. Im kleinen Familienbetrieb der Kirmanns wird Weinanbau mit Leib und Seele praktiziert. Das besondere Klima der Region und der eigenwillige Winzer bringen köstliche, unverwechselbare Weine hervor. Im Hofverkauf kann man den Wein probieren, riechen, schmecken – und kaufen. Ein Genuß!
Westerhäuser Gartenstraße 532,
06502 Thale OT Westerhausen
Mo-Fr 14-18, Sa 10-14 Uhr.
Telephonische Anmeldung empfehlenswert:
03946-701466.
www.harzer-weingut.de

WICKERODE

Tiebes Hofladen
Ein frisches, floral umrahmtes Angebot mit attraktiven Produkten aus der Region und eine freundliche Bedienung, die auch einmal über die Öffnungszeiten hinaus weiterhilft. Das Originellste aber sind die Eierschließfächer, aus denen zu jeder Tages- und Nachtzeit frische Eier entnommen werden können.
Hinter dem Amt 40,
06502 Thale OT Westerhausen
Di 8.30-12, Mi+Do 15-18,
Fr 8.30-12 u. 15-18, Sa 7.30-11 Uhr
oder nach Vereinbarung

Südharzer Forellenzucht
Familie Thiele führt eine alte Harzer Tradition weiter:
Im Harz wurden zum ersten Mal in Europa Regenbogenforellen aus Amerika ausgesetzt und gezüchtet.
In Wickerode wird diese Zucht im Familienbetrieb mit großer Sachkenntnis fortgesetzt.
Im kleinen Fischladen gibt es eine reiche Auswahl, vor allem aber schmackhafte Forelle.
Auf der Hütte 6,
06536 Südharz
Mo-Fr 9,30-18 Uhr, Sa bis 13 Uhr.
Im Winter wird eine Stunde früher geschlossen

WIENRODE

Kühlmanns Hof
Das Gut ist seit über 100 Jahren in Familienbesitz und verarbeitet Fruchtaufstriche und Säfte aus der unmittelbaren Region, von Hand geerntet, die Äpfel von alten Sorten. Von August bis November geht die Apfel-Lohnmosterei, bei der jeder Kunde seinen eigenen Saft erhält. Äpfel können auch selbst aus 29 verschiedenen Sorten ausgewählt und gepflückt werden.
Hofladen: Mühlenstraße 11, 38839 Wienrode
Di-So 9-17 Uhr.
www.kuehlmanns-hof.de

WIPPRA

Museums- und Traditionsbrauerei Wippra
Das Original Wippraer Bier ist ein Insider-Bier. Hier wird der Craft Beer-Gedanke nicht nur geschmacklich, sondern traditionalistisch mit den vorhandenen historischen Brauanlagen live gelebt. Im historischen Sudhaus von 1905 werden alle Rührwerke noch mit Transmission angetrieben. Im 500 Jahr alten Eiskeller lagern und reifen die Jahrgangsbiere. Gebraut wird mit Harzer Quellwasser.
Bottchenbachstraße 1,
06526 Sangerhausen OT Wippra
www.wippra-bier.de

Wippraer Wildspezialitäten
Helmut Reise bietet aus eigener Wildbraterei frisches Wildbret an.
Poststraße 31,
06526 Sangerhausen OT Wippra, Mi-Fr 9-18 Uhr

WÖLTINGERODE

Klosterdarre Wöltingerode
Inmitten des Klosterareals gelegen, ist in der Darre neben regionalen Produkten wie Honig, Mettwurst und feiner Schokolade das Sortiment aus der Klosterbrennerei zu finden, in der seit 1682 ohne Unterbrechung aus eigenem Brunnenwasser und selbst angebautem Weizen reinster Feinbrand hergestellt und zu Korn, Likören und sogar Gin weiterverarbeitet wird.
Hofladen in der Klosterdarre. Wöltingerode 3,
38690 Wöltingerode
Mo bis Freitag 10-18 Uhr, Sa, So und Feiertag 11-17 Uhr
www.klosterhotel-woeltingerode.de

ZORGE

Hammerschmiede Spirituosenmanufaktur
Im Südharz ist eine der seltenen echten Manufakturen Norddeutschlands beheimatet, die auf althergebrachte Weise in Handarbeit Liköre, Brände, Destillate, Bittern, seit 2002 Whisky mit Leidenschaft und kompromißloser Produktqualität produziert. Traditionell nachhaltige Herstellungsweisen, so wie sie schon vor Jahrhunderten von Mönchen, Alchemisten und Gelehrten angewandt wurden, Idealismus und Respekt gegenüber der Natur rechtfertigen das Leitmotiv der Arbeit: »Wir können, was wir machen!«
Elsbach 11 a,
37445 Walkenried OT Zorge,
Tasting Bar/Distillery Shop
Di-Fr 10-17, Sa 9-16 Uhr.
www.hammerschmiede.de

WOCHENMÄRKTE

Aschersleben
Marktplatz, Donnerstag 8-16 Uhr

Bad Frankenhausen
Marktplatz, Dienstag und Donnerstag 8-13 Uhr

Bad Harzburg
Badepark, Donnerstag, 8-13 Uhr

Bad Lauterberg
Kirchparkplatz, Freitag 8-13 Uhr

Bad Sachsa
Erlebnismarkt, Uffestraße, Mittwoch 16-21 Uhr

Benneckenstein
Max-Schmeling-Platz, Donnerstag 8-13 Uhr

Blankenburg
Karl-Zerbst-Straße, Mittwoch und Freitag 8-15 Uhr

Clausthal-Zellerfeld
Marktstraße, Donnerstag 17-21 Uhr

Goslar
Jakobikirchhof, Dienstag und Freitag 8-13 Uhr

Goslar-Jürgenohl
Danziger Straße, Mittwoch und Samstag 8-12 Uhr

Halberstadt
Breiter Weg, Dienstag und Freitag 7-17 Uhr

Hasselfelde
Marktplatz vor der Kirche, Donnerstag 9-12 Uhr

Herzberg
Marktplatz, Mittwoch und Samstag 9-12 Uhr

Hettstedt
Markt, Mittwoch und Freitag 8-14 Uhr

Hohegeiß
Vor der Tourismus-Information, Donnerstag 13-15 Uhr

Nordhausen
Rathausplatz, Dienstag, Donnerstag,
Freitag 8-14 Uhr, Samstag im Sommer 8-12 Uhr

Osterode
Kornmarkt, Dienstag und Samstag, 7-13 Uhr

Quedlinburg
Marktplatz, Mittwoch und Sonnabend 7-16 Uhr

Sangerhausen
Marktplatz, Dienstag und Freitag 9-14 Uhr

Seesen
Jacobsonplatz, Donnerstag 8-12 Uhr

Thale
Marktplatz, Donnerstag 8-12 Uhr

Wernigerode
Marktplatz, Dienstag und Freitag 8-15 Uhr

ANHANG

REZEPTINDEX

Kursiv gedruckte Rezepte stammen aus historischen Kochbüchern oder Klöstern.

LITERATURVERZEICHNIS

Allkemper, Gisela: Das Kochbuch aus dem Harz. Verlag Wolfgang Hölker 1981

Altmärkische und Harzer Küche. Komet Verlag o. J.

Barczyk, Michael: Essen und Trinken im Barock, Thorbecke 1981

Baltzer, Eduard: Die natürliche Lebensweise. 4 Bände 1867-1872, Nordhausen

Bauer, H.: Tisch und Tafel in alten Zeiten. Aus der Kulturgeschichte der Gstronomie. Köhler und Amelang 1967

Bock, H.: Kreuterbuch, Straßburg 1550

Brillat-Savarin, J. A.: Physiologie des Geschmacks, Nachdruck, Insel TB 2254 1998

Buddée, G.: Den Harz entdecken und erleben. GU 1994

Cato, M. C. der Ältere: De agri cultura/ Über die Landwirtschaft, Lateinisch/ Deutsch; Froesch, H. Übersetzer, Reclam 2009

Das Apicius-Kochbuch aus der römischen Kaiserzeit, Gollmer, R. Übers. Historff Verlag 2. Auflage 1987

Danner, H.: Die Naturküche. Vollwertkost ohne tierisches Eiweiß. 5. Auflage, Düsseldorf, Wien, New York, Econ Verlag 1989

Das Buch von guter Speise – vor 1350. Würzburger Kochbuch. Münchener Handschrift.

Das Hausbuch der Cerruti. Nach der Handschrift in der Österreichischen Nationalbibliothek. Harenberg Edition, 2. Auflage 1989

Das Lorscher Arzneibuch und die frühmittelalterliche Medizin, Lorsch 1991

Davidis, Henriette. Praktisches Kochbuch für die gewöhnliche und feinere Küche. 25. Auflage, Bielefeld und Leipzig 1882

Der Brief des Anthimus über die Ernährung, in: Keil, G., Schnitzer, P. (Hrsg.), Das Lorscher Arzneibuch, Lorsch 1989

Die Jenaer Glasküche morgens mittags abends (Hrsg.), Glaswerk Schott, Jena

Die Regel des heiligen Benedikt. Beuroner Kunstverlag 14. Auflage 1988

Ehlert, Trude: Kochbuch des Mittelalters, albatros 2012

Eckhatdt-Pietzner: Schmackhaftes aus der Harzer Küche. 10. Auflage 2015. Heibener GmbH Druck&Verlag

Evangelische Erwachsenenbildung, Kneipp-Verein und Kurverwaltung Bad Lauterberg im Harz (Hrsg.): Gesundheit aus dem Garten der Natur. Bad Lauterberger Kräuterküche 1992

Etzelsdorfer, Hannes (Hrsg.): Küchenkunst und Tafelkultur. Wien 2006

Frauenzeitschrift MAXI, Heinrich Bauer Spezialzeitschriftenverlag KG Hamburg, o.J.

Forster, Norman: Schlemmen hinter Klostermauern. Würzburg 1979
Freedmann, Paul (Hrsg.): Essen. Eine Kulturgeschichte des Geschmacks, Darmstadt 2007
Goldbeck, Ingeborg: Tee. Falken-Verlag Wiesbaden o. J.
Wildpflanzen-Kochbuch. Heyne 1999
Griep, H.G.: Äten un Drinken im Harzerland. Goslar, 2. erweiterte Auflage 1983
Hahn, M.: Illustriertes Kochbuch für die einfache Küche. Wernigerode 1920
Harzer Rezepte. Knieste, Klump un Kauken (s. Nachauflage), Harzer Kulturzentrum Wernigerode
Haslinger, Ingrid: Es möge Erdäpfel regnen, mandelbaum verlag 2. Auflage 2009
Heckmann, Herbert, Die Freud des Essens, Hauser Verlag 1980
Hertzka, G.: Küchengeheimnisse der Hildegard-Medizin, 4. Auflage, Bauer Verlag 1988
Hildegard von Bingen. Naturkunde. Otto Müller-Verlag 4. Auflage 1989
Hill, Chr., Kösling, B.: Mahlzeit. Berühmte Thüringer bitten zu Tisch. Bussert & Stadeler 2014
Hirschberger, C., Schmidt, A.: Die grüne Stadtapotheke. Sehen, Sammeln, gemeinsam essen. Knesebeck 2017
Historische Kochfibel nach Johann Royer, Gärtner am Lustgarten Hessen. Beiträge zur Geschichte der Gemeinde Hessen am Fallstein Band 7/2010
Historische Nutzgärten. Bohnapfel, Hauswurz, Ewiger Kohl – Neue Rezepte für alte Gärten, Tagungsband für 5. Informations- und Fortbildungsveranstaltung »Historische Gärten und Parks in privater Hand«, Bund Heimat und Umwelt
Holzberger, Rudi/ Kessler, Helga: Klosterküche zwischen Feiern und Fasten. Mosaik-Verlag 1991
Horn, E.: Der Eintopf, das deutsche Spargericht. München 1933
Jürgens, E.: Gesundheit & Genuß mit Kräutern und Gewürzen. 2. Ausgabe 2011, Kräuterpark Altenau
Kräuterküche. Zauberhafte Rezepte von den Liefersteiner Kräuterhexen. Tre Torri Verlag 2010
Körner, Ingrid und Werner (Hrsg): Die Kochrezepte von Uroma Olga. Historische Rezepte aus der Region Nordharz, gelernt in »gutbürgerlichem Hause«. Olga Gerboth den 16. Januar 1895. Berlin 2014/2016
Langwald, Rainer: Unsere Harzküche. 180 alte und erneuerte Rezepte Schritt für Schritt zum Nachkochen. Europäischer Hochschulverlag 2010
Lemke, H.: Ethik des Essens., Eine Einführung in die Gastrosophie, Berlin 2007
Lemke, H.: Kunst des Essens. Eine Ästhetik des kulinarischen Geschmacks, Bielefeld 2007
Mancusso,S./Petrtini, C.: Die Wurzeln des guten Geschmacks. Kunstmann 2016
Mennel, Stephan (Hrsg.): Die Kultivierung des Appetits. Frankfurt a. M. 1988
Otto, Bernhardt (Hrsg.): Dreihundertjähriges deutsches Klosterkochbuch. Leipzig 1990 (Reprint)
Nickig, M., Rau, H.: Leckere Rezepte aus dem Kräutergarten, 2. Auflage Hamburg 2001
Olschewski, Felix: Einfach essen. Die beste Ernährung für mich. Ein Urgeschmack-Buch. BoD 2016

Peter, P.: Kulturgeschichte der deutschen Küche, C.H.Beck Verlag 2008
Pollan, Michael: Kochen. Eine Naturgeschichte der Transformation. Kunstmann-Verlag 2014
Rasch, J.: Das Weinbuch (Nachdruck der Ausgabe um 1580), Dortmund 1981
Rumohr, K. F. von: Geist der Kochkunst. Insel TB 326 1. Auflage 1978
Riermeier, Marianne; Steiner, Peter M.: Das Philosophische Kochbuch. Zu Tisch mit großen Denkern. WBG 2010
Ryff, W.: Confect Büchlin und Hausz Apoteck. Leipzig 1983 (Reprint)
Schönfeld, U., Neugebauer,P.: Wildpflanzen für Küche und Hausapotheke. Demmler-Verlag 2005
Schivelbusch, W.: Das Paradies, der Geschmack und die Vernunft. Eine Geschichte der Genussmittel, 7. Auflage 2010, Fischer Verlag
Stein, Siegfried: Gemüse aus Großmutters Garten, BLV München 1989
Thoms, Hilde: Altes Kräuterwissen aus dem Harz. 2. Auflage, Bussert & Stadeler Quedlinburg-Jena 2015
Thoms, Hilde: Der Klostergarten Michaelstein, Janos Stekovics Verlag 2005
Von dem Borne, Max: Fischerei und Fischzucht im Harz mit besonderer Berücksichtigung der Forellen und der Centralfischzuchtanstalt zu Michaelstein in Braunschweig, Berlin, Verlag von Paul Parey 1883
Wir kochen gut, 11. Auflage 1968, Verlag für die Frau DDR Leipzig
Zischka, U., Ottomeyer, H., Bäumler, S.: Die anständige Lust. Von Esskultur und Tafelsitten. Ausstellungskatalog Münchener Stadtmuseum, Droemer Knaur 1994
Zwischen Harz und Havel. Die süße Küche aus Sachsen-Anhalt. Volksstimme 1996

Autorenvita

Hilde Thoms, 1937 in Grevesmühlen/Mecklenburg geboren. Fachhochschulstudium. Bis 1988 als Pharmazie-Ingenieur im Apothekenwesen gearbeitet. Danach in Blankenburg/Harz Aufbau eines mittelalterlichen Klostergartens. Publikationen: »Klostergarten Michaelstein« und »Altes Kräuterwissen aus dem Harz«. Schreibt botanische, kulturelle, geschichtliche Beiträge und Ausstellungstexte. Lebt in Blankenburg.

Danksagung

Autorin und Verlag danken allen herzlich, die ihre Zeit, ihr Wissen und ihre Ideen mit uns teilten:
Herr Matthias Appelt, Quedlinburg; Frau Dr. Maya Behrens, Quedlinburg; Herr Steffen Böttcher, Wernigerode; Frau Andrea Brockmann, Hasselfelde; Herr Peter Gropengießer, Westerhausen; Heimatverein und Backteam Darlingerode; Herr Ingo Helmdach, München; Frau Anne-Renate Henschen, Blankenburg; Herr Mathias Kirmann, Westerhausen; Frau Dr. Claudia Knösel, Quedlinburg; Frau Steffi König, Quedlinburg; Kulturzentrum Wernigerode; Herr Detlef Massow, Quedlinburg; Herr Gijs Scheepens, Hamburg; Frau Irmgard Schult, Blankenburg; Frau Barbara Schumann, Halberstadt; Herr Dirk Schumann, Schadeleben; Frau Renate Stein, Westerhausen; Frau Sabine Stotz, Liebenburg bei Goslar; Frau Christine Trosin, Wernigerode; Herr Jürgen Will, Wernigerode.

Bildlegende der Harzmotive

Die Illustrationen zu den Hofläden sind den jeweiligen Vermarktern zuzuordnen.

Bildlegende des Rezeptteils

Bildnachweise

Sanjay Acharya: 20u, Asio Otus: 22, Kassandro: 26, JürnC: 35u, Marc Shandro: 46, Ingo Helmdach: 102, foodandmore©123RF.com: 52, OlgaMiltsova©123RF.com: 117, MarkBridger©123RF.com: 136, Food Fotografie: Clemens Bussert

INHALTSVERZEICHNIS